U0030260

FUTURE.

FUTURE

一本能讓你真正心想事成的
神經語言學祕笈

用NLP
改寫你的每一天

NLP is the tool of dreamer

唐道德————著

一個NLP人珍貴品質的呈現

台灣NLP學會創會理事長、美國NLP大學授證聯盟導師／賴明正 博士

我與唐道德先生彼此相識多年，他喜歡熟悉的人叫他阿德。

2017年～2018年時的台灣NLP學會，一年舉辦有一百多場的NLP講座，阿德老師是當時的講座老師之一，深受學員喜歡。由於台灣NLP學會的成員對NLP有著共同的愛好，開會時經常彼此分享，有時也有著不同的見解，然海納百川，正是NLP最吸引人的地方。

說起NLP，從1975年第一本書籍《神奇的結構I》問世至今，已近五十年了。不過，即使NLP經過了多年來的演變與發展，當今世界NLP領軍人物Robert Dilts先生，仍在其2010年出版的第三代NLP經典著作《NLP新世代》一書的封面上，依然沿用NLP創始人Richard Bandler先生的基本觀點──「NLP是一門研究人類主觀經驗結構的學問」，作為其書封標題。

而Robert Dilts先生在另一本著作《NLP模仿卓越的藝術》也明白提到：「NLP的認識論最接近結構主義而不是唯物主義或唯心主義。」其重視「結構」的特色，為NLP的學習者提供了應用的方向。例如：NLP相信人的內在資源本自俱足，而從NLP的視角看待心理困境的發生，則為

「結構」不佳導致。這些意味著，要解決心理困境，需重新調整內在「結構」：像是釐清現狀，確認困境（干擾），找到所欲狀態（或目標），發現資源，更換框架或是調整流程等等，都是促使「結構」產生改變的引導要點，最終引導或促發新結構發生，與行為產生改變，此即是NLP困境處理的解決之道，又稱為「NLP基本改變模型」。這些就在阿德老師本書的第二章有著精闢的應用論述。

　　「NLP基本改變模型」是一NLP應用的核心模型，提供NLP操作時的底層指導。

　　我認識的阿德是一個用功且擅長模仿卓越的NLP發展師，說到模仿卓越，是對於典範人士的內在結構進行解構與重構的一系列過程，這也一直是NLP學問體系中朗朗上口的顯學。

　　隨著時代思潮的發展，模仿卓越的方法從創始人解構與重構次感元技術所衍生的策略模仿，延續到Robert Dilts先生的信念／價值觀及使命與願景等層次的模仿。說到關於模仿卓越，或許在Robert Dilts先生的著作《NLP模仿卓越的藝術》及《天才的策略》卷一到卷三等書籍中得窺一二。

　　近年來，阿德老師經常上網學習國外各式心理技術療法的課程，在模仿卓越下，見解與應用能力一日千里。這一年多來，我經常見他在臉書分享國外線上課程或讀書心得，對其下苦工的過程佩服不已。

　　在本書的第三章中，阿德老師也收載並精簡了NLP早期名家之一羅伯特・麥克唐納的聽覺「咻～模式」的操作步驟，非常珍貴，值得一讀。

　　知道（To Know）、做到（To Do）及成為（To Be）三者合一是NLP人的重要態度一，當今台灣市場上充滿大量的NLP入門書籍，然深入探

討NLP內涵的華人著作寥寥可數，這是市場導向與名片書充斥的必然結果。直到幾個月前，阿德老師告知決定寫一本較深入的NLP書籍，我便充滿了期待。

當他兌現了他的承諾，我知道這本書必是阿德老師學習心得的結晶與傳承，是一個NLP人珍貴品質的呈現，在此，強烈推薦本書，給想要精進NLP學問的人閱讀。

〔推薦序〕

NLP拓展我對人性的眼界

諮商心理師、暢銷作家，目前為臺灣NLP學會副理事長
曾任中學輔導教師、輔導主任，為長期與青少年孩子工作的心理助人者
陳志恆 老師

很多人知道我是學NLP（神經語言程式學）的，常會好奇地問：「什麼是NLP？」

這大概是所有NLP的學習者，都會遇到的難題。而「如何向一般人介紹NLP是什麼？」這個問題之所以不好回答，是因為NLP的內容繁雜，而且仍在不斷進化中。

NLP的創始者，當初透過觀摩與拆解心理治療各門派大師的助人技巧，找到其背後共通的原理原則，進而在這些基礎上，發展出一系列促成自我與他人改變的技巧。

對許多人而言，NLP就像個工具箱，裡頭裝有各式自助助人的方法與策略，而這些都可以加以重組變化，成為更適用於個人的助人技巧。因此，NLP的應用性高，其原理與技巧已被廣泛使用在教育、體育、行銷、談判、家庭等領域。

2008年，我剛完成輔導與諮商研究所學業，正要進入實務領域從

事助人工作，在因緣際會下接觸到NLP，花了將近一年的時間，修習完NLP專業執行師課程，恰恰彌補了我在學校專業訓練中的不足。

怎麼說呢？NLP試圖解構各心理學大師的治療手法，我得以真正明白教科書中所說的各種治療技術，究竟是如何進行的。像是，完形治療中的空椅法、行為學派中的系統減敏感法；不只是知道，更能真正做到。

2016年，我又回到NLP課堂中學習，認識了長期鑽研催眠的阿德老師，我們成了一起學習NLP的同學。隔年，我們又一起到美國NLP大學修習高階訓練師的文憑，我們有機會大量交流，那是一段難得的緣分。

然而，阿德老師比我用功更多，這幾年，繼續出國深造，跟上NLP的最新發展。就連疫情期間，也不斷透過線上課程學習新知。對於NLP的精髓與內涵，有比我更多的掌握與體會。

NLP強調「彈性」，鼓勵學習者在掌握基本技巧後，能彈性運用。因此，不同的NLP學習者，對NLP都有不同的領悟，阿德老師也是一樣，他是實戰派出身的，除了不間斷深造外，也長期於臺灣與對岸進行催眠與NLP等課程的教育訓練，期間累積了大量實務經驗。

在他的課堂上，你可以觀摩他清楚明確的示範，手把手地教會你所有的技巧，並且告訴你竅門在哪裡。同時，他也是個有願景、有使命的人，希望能夠創立一個支持性的社群，幫助更多想投入助人領域的人們學習與成長。

我相信，這本書正是他的願景的一部分，透過文字書寫傳達新知，讓讀者窺見阿德風格的NLP是什麼。閱讀這本書稿時，我不禁佩服阿德老師的功力，除了介紹一個又一個NLP的經典技巧外，更詳細解說這些技巧發展的緣由以及如何實際運用，這正是一個NLP教學者多年功力的

累積與展現。

　　學習NLP對我個人成長與諮商實務的幫助頗多；我相信，閱讀這本書，也將有機會拓展你的視野，讓人生開始蛻變、成長。

目錄 | Contents

Chapter 1 ｜ 一切都要從「目標」說起

Chapter 2 ｜ 用NLP解決困境開展人生新篇章

Chapter **6** | 語言與信念

Chapter **7** | NLP用於人際關係

〔前言〕

NLP是夢想家的工具箱

　　既然本書要談的是NLP技術，首先，我們就得知道什麼是NLP。

　　NLP是Neuro Linguistic Programming的縮寫，中文翻譯為「神經語言程式」，關於NLP的發展，事實上是來自一連串心理學思想的反動。

　　話說當年，在歐陸的佛洛伊德率先以「向內探索」編織了最早的心理學；接著，在美國的華生開了反動的第一槍，他主張心理學作為一門嚴謹的科學，應該以客觀可供觀察的行為作為基礎。

　　而在這兩個心理學思潮中，弗洛伊德只研究精神官能症（neurosis）和精神病（psychosis），並不考察正常人心理；行為主義則是把人等同於動物，只研究人的行為，比較不去理解人的內在本性。於是，以亞伯拉罕‧馬斯洛（Abraham Harold Maslow）跟威廉‧詹姆斯（William James）為主的第三種人本主義思潮便在美國興起。

　　簡單說，「人本主義」主張心理學應當把人當人，而不是任憑治療師分析將人肢解為不完整的幾個部分，他們提出要以研究正常人來取代研究心理異常現象，也要關注人的心理品質，比如熱情、信念、生命、尊嚴等內容，更提出以全人教育以及人性發展，並利用案主的經驗和潛能，引導他們結合認知和經驗來肯定自我，自我實現。

與此同時，幾個近代重要的「人本主義」的心理治療流派，如家族治療、完形治療、艾瑞克森的自然催眠也開始蓬勃發展。而這幾個治療流派有一些共通點：

①──以短期治療取代長期治療。

②──是當事人主義而非治療師權威。

③──是目標（未來）導向而非追溯個人歷史（過去）導向。

「人本主義」心理治療流派的發展十分精采，就不在此詳述。

重點放在NLP的兩位共同奠基者：理查‧班德勒（Richard Bandler，以下皆用理查‧班德勒）學習背景是數學跟電腦（這是Programming的由來），約翰‧葛瑞德（John Grinder，以下皆用約翰‧葛瑞德）則是語言學副教授（這是Linguistic的由來），他們在六〇年代投入了大量時間學習研究這些短期治療流派。

最終找到了如何複製卓越治療的關鍵因素後，他們把這些複製卓越的方法匯集起來，依身心一體（Neuro一詞正是連結身心的實體存在）的基本概念，創造出「研究人類內在主觀經驗」的一門學科。

所以，NLP是純粹美國血統的，以破壞性創新精神為基礎，試圖用複製卓越的方法，導出一套從身心學、語言學、系統論、心理學實作運用的程序方法學。而後續再發展出的技術，則廣泛被運用在激勵型的成功學、心理治療、個人成長、教育訓練、企業管理及教練等領域。

那麼NLP到底是什麼？

羅伯特‧迪爾茨（Robert Dilts，以下皆用羅伯特‧迪爾茨）有句言

簡意賅的說法：「NLP是夢想家的工具箱。」是最能傳神的說出NLP存在的意義。

在羅伯特·迪爾茨《語言的魔力》一書中提及NLP的精神：「我們願意為自己的生命負起責任，把自己看待生活的焦點做個改變。」

比方遇上狀況時，你可以這樣做：

①——從告訴自己：「我不可能做得到！」；改變成問自己：「假如我辦到了，我會怎麼活？」

②——從告訴自己：「我失敗了！」；改變成這樣告訴自己：「只要我還沒有放棄，任何階段性的挫折，都只是在告訴我，我必須換個方法繼續努力」。

③——從問自己：「這個問題是誰造成的？」這類歷史式歸責；改變成問自己：「我要如何找到更多資源協助我過得更好。」

NLP是一種能與自我有效溝通的技術，也是有助於我們與他人建立親和關係的學問，我認為NLP就是幫人實踐「內聖外王」之道的最佳工具，接下來，讓我們一起進入NLP的世界，實踐你心中真正的未來夢想藍圖。

NLP 筆記

NLP

Chapter

1

一切都要從「目標」說起

每個不要的背後都隱藏著一個想要。

——唐道德——

隨便先生與隨便小姐
其實並不隨便

所有近代短期心理治療的共通點是，比起探索過去，我們更關心「未來我想要達到的成果是什麼」？

說是這麼說，事實上多數人並不真正的關心自己的未來和目標，這些從我們的日常生活就可以窺見一二。舉個例子，不知道你有沒有這種經驗，參加一個會議或課程，中午休息時間，不熟悉的幾個人為了融入團體，相約一起去吃午餐……

這時團體中會自然且自動地產出一位帶領人，他提問：「大家要吃什麼？」

大多數的人會說：「隨便。」

如果沒有人（即使有人心有所屬）推薦好吃的，這時帶領人就發聲提議：「這附近有一家餛飩麵還不錯。」

這時候你或許就會聽到，隨便先生或隨便小姐出聲：「我昨天剛吃麵，所以……我今天不想吃麵。」

帶領人聽見之後，很快提出另一案，可能是在轉角一家很有名的燒肉飯，然後呢，隨便先生或小姐又出聲了：「蛤啊！燒肉飯太油。」

於是，帶領人只好再給出另一個提議，但是很快又被否決了，最終帶領人無奈的再問一次：「那，你想吃什麼？」

只見隨便先生或隨便小姐又不急不徐地說：「就，隨便啊！」

生活中，你遇見過這樣的人嗎？還是你就是如此？

其實，隨便小姐或隨便先生並不隨便啊！

從他拒絕提議的行為中，我們可以推測，他顯然有一個「想要」的目標，只是他無法清楚說出「想要」，從這裡，我們可以再推測，他只有一個模糊的目標，可是又不想去探究自己的「想要」。

這樣的場面在團體裡十分常見，開會時，需要大家建言時，常常鴉雀無聲，當有人提議時，就又會出現否決者，這類人常常無法給出建議，但是對每一個提議又能說出反對的道理。

相似的情況，其實很常在我們的日常發生，像是有些人遇到人生困境的時候，不也會有類似的對話。

求助者：「我不想要……，我不想要……，我不想要……」

助人者：「假如你沒有這些限制，你想要過什麼樣的生活？」

求助者：「就不要……跟不要……」

助人者：「我一直聽到不要，那你想要什麼？」

求助者：「就不想要像現在這樣！」

助人者：「……」

事實上，這些說不出想要的人，都不是有意要找我們的麻煩，會有這個情況，可能是他在過去的生活中，每當說出「想要」時可能都被父母、師長無情的評判，這會讓他學習到「發表自己的看法是危險的」，甚至更糟的情況是，他「不再構築自己的夢想」，因為對他來說都是白費力氣，是沒有用的掙扎。

但是，「想要」是一個深植於基因的基本需求，是無法抹滅的人性需

要。因為是真實的需要，於是這個「想要」，會變成一個披著安全的外衣的否定者或攻擊者，或出現在每一個團體或社群網路上，他們伺機發表意見，爭取他們的存在感。

那麼，我們可以怎麼幫助他們，在真實生活中表達心裡真正的想要呢？又或者這麼說，我們能如何幫助一個人，從漫無目的的生活狀態中，變成一個有動力有目標的人呢？

也許，我們可以善用「NLP時間線」來探索未來結果並且擴大可能，也就是說，我們要重新設定我們的未來，這第一步就是要先顛覆「結果不是目標」的觀念！

不過在進入這個說明與技巧教學前，我想先來說說提摩西‧高威（Timothy Gallway，以下皆用提摩西）[1]的故事。

提摩西‧高威的網球教練故事

提摩西是企業教練Coach[2]的先驅。

當年在社區大學任教的他，厭倦了這樣的生活，於是辭去工作，並留給自己一點空間去找到自己真正的「想要」。

---

1 推薦閱讀提摩西‧高威（Timothy Gallway）的經典著作《*The Inner Game of Tennis*》，繁體中譯本為《比賽，從心開始》，經濟新潮社出版。
2 教練（Coach）指的是一種訓練或發展的技術，教練者也被稱為「Coach」，是協助學習者達成特殊的個人或專業目標。教練不同於導師（Mentoring），教練只專注於聚焦在特定的技能上，導師則重於全面的發展或更普遍的目標。有時「教練」也被認為是一段兩人間非正式的關係，其中一人較另一人有經驗與專業，從而提供另一人諮詢與指導。

但是他很快地發現，自己不知道怎麼排遣這些多出來的時間。只是他也不想隨便找份工作，因為那樣就失去原本辭職的用意。於是，他決定找份有收入的兼職，讓自己不會那麼無聊，同時又有空間尋找自己的道路。

　　於是，他想起自己曾是大學的網球隊員，當年也打得相當好，因此他來到社區的網球場應徵網球教練，而他也被錄取了。

　　不久之後，他的學生越來越多，而且學生都跟他說，他教的比其他教練好。

　　聽見學生們的誇讚，讓他有些不相信也有些好奇，他真的跟其他教練不同嗎？

　　於是，他開始觀察其他教練的教學情況。他發現，當學生速度不夠快，或手肘的位置不對時，別的教練會說：「你跑得太慢了，手不要再放那麼低。」

　　反觀自己，他則是這麼說：「跑快一點，手肘抬高一點。」

　　看見當中差異了嗎？

　　是的，差別就在別的教練給學生的是**「不要做什麼」**，而提摩西總是教學生**「你要做什麼」**。我再舉一個案例，那是提摩西在某次網球巡迴講座中的發生：

　　當時，有位學員舉手跟他說：「我的反手拍打得很糟。」

　　提摩西問他有多糟，他說了很多情況後，提摩西說：「我是一個眼見為憑的人，你要不要下場打給我看。」

　　於是，他們來到網球場，提摩西餵球給這位學員，果然，打得很糟，提摩西就說：「這果然是我見過最保守的反手拍。那你的理想（反手拍）

是什麼呢？」

學員又說了很多，提摩西說：「雖然你說很多，但是我仍然不懂，你可以試著打給我看嗎？」

提摩西繼續餵球給他打，只見他打得越來越有起色，在七、八球後，該學員突然回了一個又狠又急的反手拍，這也讓現場響起熱烈的掌聲。

你必須知道的
NLP管理目標知識

結果不是目標

對NLPer來說，我們不說「目標」，而是說「結果」。

「目標」是一個在遠處的東西，除非我們有意識的徵調五感來明確時間，否則從潛意識的觀點，明天、一周後、一個月後或一年後都是「以後」，然而對我們的潛意識來說，它只有「**過去、現在、未來**」三個時間，簡言之是沒有尺標的。

例如在社會化的過程中，學生也常常談他們的目標，但多數人的回答都是：「我將來要做一個成功的人。」

至於什麼是成功？什麼時候要成功？既沒有明確的定義，也沒有達成的時間，這樣的設定目標是一種敷衍。

那麼，有明確的定義跟設定了期限（Deadline）就是好的設定目標了嗎？

在團體組織中，以數字來設定目標，是大家公認的有效做法，它的目標設定通常是由上而下的過程。總目標是依組織整體戰略目標設定後，逐層往下分配。當它分配到個人時就是一個數字，並不會跟個人產生任何有意義的連結。

例如：「依照公司今年的成長目標，我們單位今年的責任營業額是三千萬，各位打算要分擔多少？」

為了使員工有動力，組織只能祭出額外的、有形的激勵因子，例如：獎金、旅遊、加薪、升遷，問題是到最後，往往掉入需要更多的額外刺激的困境。

以「結果」來說，就不一樣了，它是一個我已經活過一次的體驗，當學生說「我將來要做一個成功的人」時，我們可以像提摩西一樣，請他下場打球，創造一個未來的空間給他：「你可以描述一下，當你成為那個成功的人，你是一個什麼樣子的人？」然後逐步引導他看見他的成功是什麼，會在什麼時間？什麼地方？跟什麼人在一起完成的？

或者，我們也能這麼問：「現在放掉你所擬定的目標，你想要你的未來有什麼改變？」我們不急著問他如何達成目標，而是先明確在他達成目標之後，那個「享受結果的他」是什麼狀態又怎麼活？

在敘說的過程中，他就會動用所有內在的五感呈現，並且體會他活出「設定結果」的樣子，如果這足以吸引他，那麼這就會形成他內在的驅動力，再來就是計畫、行動、尋找資源與改善的過程。

利用「時間線」設定結果

具體**想像**在未來的某個時間點，我們（在那個時間點）真實的經驗了想要達成的結果，像是已經活過這個經驗。

在那經驗中，我們以看見、聽見、聞到、嚐到、感覺到一個明確的未來實境。同時，再在那個已經具體實踐的未來，檢驗這個「結果」是否真的符合我的需要。最後，在未來的時間點種入夢想「Create your Future」，最後再把對它的期待帶回到現在。

「時間線設定結果」的步驟與提醒

步驟一

放掉各種阻礙跟限制的想法，為自己自由的創造一個「三年後自己想要變成的樣子」。要注意年限不要太長，最長五年就好，否則就要切割成階段性目標。

步驟二

想像在你的面前有一條時間線，你所站立的面前是「現在」，接著，感覺自己的「過去」在你的哪一邊？你的「未來」往哪一邊？

①——方向、位置確認後，請想像這條象徵著你人生道路的時間線上，有許多不同時間點「過去的你」，他們累積了你的過去生命經驗，形塑了「現在的你」，而你站在這個承先啟後的位置，並準備好朝「未來的你」走去。

②——也許趁著未來還沒有發生，你可以邀請潛意識幫忙，可能是三年後，如果有一個理想中的你，會是站在未來的時間線哪一個時間點上？請潛意識為你指出那個點在哪裡？

③——依照NLP時間線上移動的慣例，過去的時間線可以在上面移動、任意探索，但對未來的時間線，僅能在個別時間點上進入跟離開，在未來的時間線上移動是一種禁忌，有一說是因為未來還沒有發生。此外，在未來的時間線上移動時，我們通常會在時間線平行的位置設一條平行的工作線，接著在工作線上移動，在時間線的某一個時點進入探索，然後離開。

步驟三

離開現在的時間點，沿著平行工作線移動到你三年後的時間點旁邊。想像你可以看進那個時間點，看見「理想的你」。接著關於這個「理想的你」，請具體的描述你看見什麼？聽見什麼？聞到、嚐到什麼？有什麼感覺？注意，描述的越詳細越好。

步驟四

修改「理想的你」並強化五感的感受，直到自己感到滿意為止。

步驟五

當你滿意了，站進那個（未來的理想的你）時間點，完全用第一人稱的感受活一次那個經驗，確認自己跟生命的重要他人都滿意這個結果。

步驟六

離開時間點，帶著設定好的結果沿著工作線回到現在。回到「現在」之後，邀請潛意識把設定好的「結果」放進身體裡面。

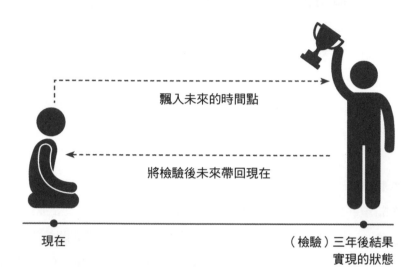

飄入未來的時間點

將檢驗後未來帶回現在

現在　　　　　　　　　　　（檢驗）三年後結果
　　　　　　　　　　　　　　實現的狀態

這個簡易版本也可以安靜地坐著執行，你可以利用想像的方法，以內在視覺演練整個過程。

簡單的說，「結果」比起「目標」至少有以下優點：

● ──對潛意識教育明確的時間軸，幫助身心一致。

● ──結果會帶來明確的經驗，目標常常是抽象的數字跟口號。

● ──設定結果中的未來經過了身體的實踐與檢驗。

● ──「結果」帶來的動機驅力比「目標」更強。

從「模糊的想要」
到「清楚的目標」

　　誠如前面我很喜歡的提摩西故事，我們看見，提摩西沒有直接教導這位學員打球，他只是做到以下幾件事：首先，他「**全然的相信每個人身上都擁有自己所需要的資源**」；接著，更為這位學員「**創造一個安全的空間**」，提供給他「**無條件的支持**」，最後，便是在前述的三項條件下，幫助了學員「**相信自己，然後設定目標**」。

　　所以，不管是隨便先生或隨便小姐也好、開會的時候不會創造新方法，只會批評的夥伴也好、那個抱怨人生一直不如意卻又說不出自己想要什麼的朋友也好，他們都不曾為自己創造一個安全的空間，只會急著做出反應，用對立與否定來抵制人生，而忽略他擁有著創造的能力。

　　其實只要他不急著去否認，能開始為自己創造一個內在的空間，好讓自己可以跟自己對話：「我的潛意識透過情緒告訴我，我不喜歡這個點子。那我想要的是……」然後他就能超越「刺激—反應」，為自己創造一個空間[3]，成為自己的教練。如同提摩西的故事中，我們看見他讓學員帶

3　研究猶太人集中營的倖存者時，意義治療的發明者維克多‧法蘭克（Viktor Frankl）說：「在刺激與反應中間有一個空間，在那個空間中，我們有力量可以選擇自己的反應，而我們的反應就展現我們的成長與自由。」

著清楚的意圖，一步一步調整自己──這是**從頭腦的理智目標，變成身心一致能做到的過程。**

接下來，我要用NLP各式技術教會各位**自我教練**的方法。

結構完善的「設定結果」條件

① 你要什麼？你希望有什麼改變？

我們把這個結果用「理想狀態」來表示，是為了分隔「趨向結果」不等於「避免問題」。

例如，一樣「想要得到好的成績」：

甲的陳述是：我要努力讀書（原因要素），得到好成績（結果），然後，我的父母就會愛我了（意義）。

乙的陳述是：我要努力讀書（原因要素），得到好成績（結果），然後，大家都會覺得我很優秀（意義）。

儘管他們的「我要努力讀書（原因要素），得到好成績（結果）」是一樣的，但是乙的目標是為了他自己設定的（趨向目標），甲則是為了父母或者社會規範（避免問題），當中還是有其差異的。

「趨向目標」會讓我們比較有動力，同時在達到目標之前，會因為有一個明確的檢驗標準，讓人在結果未實現之前，能一直維持動力。

反之，「避免問題」最大的問題是，它的動力來自於痛苦，所以，必須夠痛才會產生動力。例如，學生若是為了避免受到父母責罰而讀書，那麼當他得到好成績時，父母就不會再責罰他，那他就可能會失去讀書

的動力，把興趣轉移到其他事情上。

　　還不清楚的話，聽聽下面這個有關痛苦的故事，你一定可以更理解痛苦與動力之間的關係：

　　有個人要到酒吧去赴約，他有點遲到了，所以，形色匆忙地走進酒吧。

　　而在酒吧門口的椅子上坐了一位老人，在他身旁還躺了一條狗，那條狗似乎病了，因為它不停地呻吟。

　　這個人看著門口的老人與狗，心中生起很多疑問，可是因為約會已經遲到了，他決定還是先進去見朋友。

　　三個小時後，他步出酒吧。老人還在，狗還躺在同一個地方呻吟。他問老人：「這條狗怎麼了，是生病了嗎？」

　　老人說：「沒有，牠好得很。是牠躺著的地方那裡有根突出的釘子。」

　　那個人就更好奇了：「那牠為什麼不換到別的地方躺呢？」

　　老人說：「因為牠還不夠痛！」

　　帶著黑色幽默的小故事，老人的那句「因為還不夠痛」，正點出其中所缺乏的改變動力。

　　也就是說，達成結果需要動力，而動力需要的正是你明確而清楚想要的結果，這便是我接下來要談的。

　　「設定結果」有一個非常有名的「結構完善的設定結果條件」（The well-formed outcome），也就是說，一個好的設定結果必須符合以下條件：

a 肯定式描述

結果必須是「我要什麼」，而不是「我不要什麼」。事實上你一直對

自己說：「不要想紅色大象。」結果會是，除了紅色大象你不會想到別的。

b 主控權在自己

「我想中樂透」、「我想讓他愛我」、「如果……就好了」，像這類設定結果的型態都是無效的，因為，我們對結果並沒有影響力跟主控權。換句話說，設定結果必須是設定者有影響力的範疇，才會有主控權。

c 感官式語言描述

成功、幸福、有錢等等都是抽象的概念，這對潛意識都沒有吸引力。

一個好的結果必須是一種經驗，所以要充分運用感官性語言來描述，是要用**看到、聽到、聞到、嚐到、感覺**到的語彙來描述，這對潛意識才會造成影響力。

d 可達成的

如果我們設定的結果，連自己都不相信自己可以辦得到，這就是一個無效的目標。例如，一位媽媽設定了一個結果，其行動目標是，在未來每一天的晚上七點，都要去運動一個小時。可是她設定完結果後卻發現，作為一位有小孩的職業婦女，她必須等到晚上十點之後才有自己的時間。這種設定結果很明顯只會讓人感受到挫折，因此，她必須改變整個結果與計畫，而且要是可被執行的。

e 滿足正向意圖

行為不等於意圖，像是設定報復的結果就屬於負向的意圖，我們必

須將這個負向的意圖升高意圖層次，到達更高的正向意圖。而你可以陪著他這樣探尋出正向的意圖，例如：

助人者：「你想要讓他難看，這滿好啊……那麼，如果你真的讓他難看了，這可以幫助你得到什麼？」

來訪者：「就感覺到爽！」

助人者：「滿好的！如果，你真的感到很爽，這可以幫助你得到什麼？」

來訪者：「我就平靜快樂了！」

助人者：「所以，你真正想要的是平靜跟快樂？」

來訪者：「是的。」

助人者：「知道這個是不是很棒！」

② 你正在得到什麼？

我們需要有兩個點才能構成一條線，一個是具體的起點，一個是作為目標的結果，如此我們才能知道努力的方向，這同時也是描繪成功路徑藍圖的方法。

「你正在得到什麼？」這個問題不是在起點的地方只問一次的問題，它是在整個實現結果中，沿途移動時，不斷自問的一個問題。它需要敏銳的觀察力與感受力，「你正在得到什麼？」會讓人清楚，我們是否更趨向「我想要」的結果，還是我們已經偏離了結果？

注意，有時兩個點最近的距離不是直線；而有的時候我們會策略性的改變階段性目標；有的時候則是，計畫趕不上變化。

不過，即使在混亂的時候，你仍可以合併「你要什麼？」、「你正在得到什麼？」這兩個問句來問自己。因為這兩個問題可以沉靜你的思緒，並幫助你走回到往結果的這條路上。

③ 我還可以做些什麼，好幫助我得到我想要的？

為達成結果，我們要去找出可用的資源，這可能會認識到讓我們得不到想要的干擾，就正面意義來看，它也是能協助我們找出所需資源的一部分。

以下，簡單解說「資源」與「干擾」二者的意義。

A 資源

當我們有了一個內在的趨力，自然而然地就會朝想像的結果走去，這時候動機不再是問題，我們所需要的就是方法跟資源。

資源可能是有形的，例如金錢跟物質；或是無形的，例如情感的支持或身心狀態，這些是源於自己過去的經驗，也許是透過自己學習而來，也可能是周遭親朋好友的資源，又或者是社會跟政府等等許多能提供我們所需要的資源。因此，我們都要去擴展自己的生活圈，根據計畫尋找各式各樣可以協助自己的資源。

B 干擾

關於干擾，自然是來自過去的學習經驗。NLP是比較接近認知行為學派的方法學，因此，我們不只認為好的能力是學習而來，同樣的，負向

的限制性信念也是透過學習而來。在這個模型中，我們看重的焦點是往結果移動的力量跟能力，而處理干擾的目的，是為了可以有力量往結果移動，如果過分受到問題吸引、掉進過去的歷史或創傷深淵，那都不是我們要的。所以，NLP最常選擇的方式是利用解離技術直接封存干擾，然後再帶入資源創造移動的力量，這個方法我將在下個章節的基本技巧中詳盡說明。

簡言之，NLP的基本改變模型是一個非常重要自助助人的藍圖，只要配合這三個問句，就可以讓我們知道：我們現在在哪裡？我們現在需要什麼樣的協助？

再透過NLP兩個基礎技巧「利用時間線設定結果」、「NLP基本改變模式」，我們會更加清楚也願意面對、探索「不要」背後隱藏著的——真正的「想要」。

NLP三個重要問句：

你要什麼？

你正在得到什麼？

你還可以做些什麼，好幫助自己得到自己想要的？

NLP 筆記

用NLP解決困境
開展人生新篇章

從第二人稱的臨摹進入第一人稱的複製模仿，
再切換到第三人稱觀察自己所做的與模仿對象的差異，
並加以修正，每個人都可以成為任何你想成為的人。

——唐道德——

NLP的基本技巧

用「NLP基本改變模式」幫助自己

前一章我們談了要怎麼幫助一個人明確目標，以及如何設定想要的結果。在這一章，我將用具體的例子來幫助大家理解，如何在日常生活中善用NLP這個簡單的概念與工具來幫助自己。

首先，「結果」是我們在NLP基本改變問句中的第一個問題。

前面從「不要」找到「想要」之後，已教會你如何利用時間線設定結果，接下來則是要教你如何使用NLP基本改變模式，來找出你的人生導航藍圖。

「NLP基本改變模式」是NLP早期發展出來的重要工具，目的是幫助一個人用「三個問句＋一個模型圖」來釐清現狀、盤點資源，接著去行動並達到成果。

我們再一次複習，關於NLP基本改變模式的三個重要問句：

① ——**設定結果：**你要什麼？你希望有什麼改變？

② ——**敏感度：**你正在得到什麼？

③ ——**彈性與影響力：**你還可以做些什麼，好幫助自己得到自己想要的？

接下來，我將透過NLP基本改變模型圖（圖二），一個一個來理解這

三個問句動態流程，而你也能從這個模型中，找到心中真正想要的人生理想藍圖。

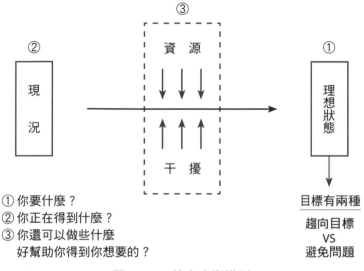

③

②

現
況

資　源

↓　↓　↓

↑　↑　↑

干　擾

①

理
想
狀
態

① 你要什麼？
② 你正在得到什麼？
③ 你還可以做些什麼
　好幫助你得到你想要的？

目標有兩種

趨向目標
VS
避免問題

圖二 NLP 基本改變模型

　　舉例：假如有個人喜歡某個人，想要跟他親近，當然這只是一個比喻，你想親近的也可能是一份事業或是你的貴人，總之，選擇你想要的。

　　這裡所要舉的案例是，某人設定的結果是他想跟這個人在一起。

　　於是我就問他：「你要什麼？」

　　他回答：「我想跟他做好朋友。」

　　接下來，我們便要釐清現狀，往下談一談第二個問句：「你正在得到什麼？」而探索這個問題時，需要你的「敏感度」。

敏感度是覺察現狀
的重要工具

只有設定結果是沒有用的，我們還要確定行動是否往正確的道路上，除了設定的結果外，還需要另一個參照點，那就是「我現在在哪裡」？如果不知道自己現在在哪裡，就無法執行前一章「結構完善的設定結果條件」中的「可達成的」檢視。

當我們提問「**你正在得到什麼**」時，這需要有敏銳的感官知覺和洞察力。如果缺乏敏感度跟洞察力，便會出現一種情況，即我們「以為正在趨近（結果），其實卻是正在遠離（結果）」。

好像前面的例子，我們想親近某個人，於是我們拼命找機會接觸他，卻不知道反引起對方的反感。事實上，多數人都希望被喜歡被欣賞，結果往往卻是：「我想親近他，但是，他卻不喜歡。」

知道當中的問題出在哪裡？

也許你會這樣給出籠統又模糊的答案：「他不喜歡我。」但你真的認為這是真正的答案嗎？像這一類的回答，常常讓人在面對問題的時候，不知道從何下手，甚至最後束手無策。

NLP有個「前提假設」，即「越小的問題越容易處理」。因此，面對任何模糊而大塊的問題，我們都可以將之解構成為較小的各種層面問題，而這個技術叫做「向下分類」。

活用「向下分類」幫助我們解構各式問題

比方上述的例子，當思考的答案是「他不喜歡我」，那麼我們就可以向下分類到「人、事、時、地、物」來找，例如：

①——**人**：我的樣子不討喜。

②——**事**：我每次都聊他不喜歡的話題。

③——**時**：我每次出現的時間他都在忙。

④——**地**：我在他無法放鬆的地方接近他。

⑤——**物**：我送了他不喜歡的東西給他。

在分類解構後，這時我們就可以問自己第三個問題：「**你還可以做些什麼，好幫助你自己得到你想要的？**」

當問題拆解了，我們就可以從**不能做什麼的情境**，進到**可以做點什麼的情境**。

①——**人**：我可以試著改變我自己。

②——**事**：我開始試著了解他喜歡什麼樣的話題。

③——**時**：我可以找到他有空的時間再去找他。

④——**地**：如果他在上班，老板就站在後面，我是不是可以在他比較放鬆的時間接近他，例如：老板不在的時候。

⑤——**物**：我試著了解他喜歡什麼。

這些陳述有一個非常明顯的改變，就是從「我喜歡他，我想接近他」，轉變成「我喜歡他，我怎麼投其所好，讓他也喜歡我」。換句話說，

這當中有一個很重要的視角改變，即「從我的視角，變成他的視角」，也正是「換位思考的同理心」。

「向上分類」找到你更高的意圖

儘管我們有一套完善的技術，足以幫助你設定結果、檢視現狀、找到解決方案並達成目標。

但是，人生總還是常有這樣的事啊！正是：你喜歡他，可是他喜歡的是他，不是你！然後你一蹶不振，認為你朝思暮想著一個人，甚至把「思念活成我的一部分」了，一旦要你接受「他不喜歡我的事實」，就覺得生命的一部分等同於死亡了。

若是這個情況，那麼我們就要再參考NLP另一個前提假設，即「**每個行為的背後都有一個更高的意圖**」。這個前提假設讓我們把這個現實的追求，視為一個較低層次的現實情境跟行為，看見它真正想要滿足的是一個更高的生命意圖，換句話說，就是我們將「希望能跟他可以快樂的在一起」歸於行為的層次，而在行為層次之上則有著另一個更高的意圖，即你真正想要滿足的是──你的生命、你的存在。

簡言之，意圖雖然驅動行為，但行為不全然等於意圖；此外，行為是歸屬於意圖的，因此意圖大於行為。

回到之前的例子，我們就可以用這個方法，找出較高意圖層次的問句來提問：「當你可以跟他一起，這可以幫助你得到什麼？」

來訪者可能會回答：「我就會開心。」

「當你得到開心，這可以幫助你得到什麼更重要的？」

來訪者：「我就覺得滿足。」

「所以，當你得到這個滿足，這可以幫助你得到什麼更重要的？」

來訪者：「我就覺得自己完整了。」

「所以，你真正想要的是，開心、滿足跟完整的自己的感覺？」

對話探索來到這裡，我們也知道了，現實上，說是想跟一個人在一起，其實心中真正在意的是「開心、滿足跟完整的自己的感覺」，而這個意圖才是真正點燃一個人行動的動力。

最後，我們還可以修改「當你得到這個滿足，這可以幫助你得到什麼更重要的？」這個問句，來這麼問自己：「我還可以怎麼做，好幫助我自己完成我真正的意圖？」

總結這個案例主角想與對方在一起的更高層次意圖是「開心、快樂、滿足」，從中我們也知道了，既然有一個更高意圖的存在，我們不就可以超越原來現實層面的挫折，進而尋求其他方式來滿足這個更高的意圖，並且讓人能不再卡於挫折中無法前進。

如何超越過去傷痛所帶來的羈絆

接下來，我們要探討的是 NLP 基本改變模式裡的「干擾」。

所有短期治療取向的學派都較聚焦於未來的想要，但這並不代表我

們不處理過去的問題，與佛洛伊德專注在過去不同，我們只有在過去妨礙到了通往未來的路時，才會予以處理，而且目標是未來，所以只處理到來訪者可以往前走，就不再繼續深入來訪者的過去了。

不過，當干擾發生時，過去的事件跟情緒會牢牢捉住來訪者，讓他無法正常思考跟反應，這時最佳的對策就是，想辦法讓來訪者抽離在事件之外。

因此，接下來我將與大家分享幾個超越的方法。

融入與抽離

「身心同在」是很重要的一件事。舉個例子來說，當你花了大把鈔票，買到一張演唱會的門票，然後坐進該位置，不過你卻只有單一的視角可以欣賞，這對比起將演唱會錄下的藍光DVD裡的音質跟多重視角的視覺美感，可說是完全比不上，別說藍光DVD不只更便宜，還可以重複地觀看。

那麼，為什麼有這麼多人還是非得要到現場聽演唱會呢？

原因很簡單，因為在現場實地參與為身心帶來的感受，肯定不是在家看電視螢幕所能取代的。

當中差異，正是我們「**融入**」的感受，唯有在現場，才讓人能全然且身心一致地活於此時此刻的感受中。

同樣的，當一個人被過去的事件綁架時，雖然他人在這裡也真實的活在「此時此刻」，可是他的身心卻是處於（回到）事件發生時的「當下」，如同你在演唱會現場時那樣的震撼、深刻，久久難忘。

類此情況的重點在於，那事件一直沒有成為過去，它還不斷在當事人的人生中重複出現，而且每次出現時，當事人都宛如回到事件發生的現場。

　　所以，這該怎麼辦呢？

　　很簡單，我們就要來學會「抽離」。

　　我們都知道，NLP 是一門複製別人卓越的學問，而有一群 NLP 專家便曾經受託研究，「如何」幫助職員能更好的處理客訴，專家們就從這家公司中，找出很會處理客訴的卓越員工，並且研究他們是「如何」做到的？

　　這裡我特別把「如何」括號，是因為不同於其他助人技術經常的思考「為什麼」，NLP 神經語言程式（策略）學則是把焦點放在「程序跟方法」，也就是「How」。

　　NLP 的專家們發現，這些卓越的員工會把客訴的原因外化，例如，當客戶指責公司的部門辦事不力時，他們會這麼回應：「作為一家被您信任的公司（**指你買了我們的商品**），我們的員工一直是兢兢業業的工作（**維護公司聲譽**），但是您也知道，有的時候雖然大家都很努力，但是壞事還是會發生（**指這是意外**）。我想當下我能做的，就是傾聽您的需求，解決您的困擾（**將焦點轉移**）。您希望我可以怎麼幫助您（**從被指責者變成提供協助者**）？」

　　顯而可見的，這些員工「抽離」在事件之外，不受情緒影響，同時把顧客的指責外化成為一個「我跟你共同要解決的問題」。

　　NLP 專家還發現，這些卓越的員工身體更健康，處理問題的能力也更優於其他員工，當然，能夠擁有這樣卓越的第一步，就是他們擁有「抽

離」事件之外的能力。

相信你有好奇了，我們要如何能做到「抽離」？

「抽離」其實是一個經常發生的自然狀態，當你擠進公車、火車或電梯時就會自然發生，回想一下，當你進了電梯，如果很擁擠，不能看手機，沒有同伴，你是不是會很自然地把頭抬高，看著標示電梯到幾樓的顯示板？這時，如果你環顧一下四周，就會發現大家都跟你一樣，也都正在看顯示板。

這是因為我們原本就有一個大於身體的自我空間的領域，但是在人擠人的電梯裡時，沒有讓人保有間隔的空間，因此我們不得不容許陌生人進入這個空間領域，這時，如果我們不抽離於身體之外，身體就會啟動各種界線，做出遭到侵犯的各種反應。

這時，我們很自然的，注意力會聚焦於外（專注在顯示板），如此一來，我們就可以不用把太多感覺放在自己的身體及自我空間。

因為是日常生活可見的，這也就是為什麼我會說每個人天生都有「抽離」的能力，

下面，我們就試著來練習，如何運用這個「抽離」能力。

「抽離」技巧的步驟

步驟一：想到上一次擠電梯、捷運、公車的經驗。

步驟二：注意你是怎麼做到抽離的？又是如何做到忽略自己身體性感受的？你把注意力放在哪裡？

步驟三：現在，聚焦在那個注意力的點上。覺察你的呼吸、心跳、身體性感覺，特別是身體肌肉的鬆緊度，你的胸腔、腹腔、你的四肢肌肉張力。如果你發現它們開始用力了，覺察一下，你是不是掉進身體裡，而沒有把（注意力）焦點放在原來的注意力的點上？

步驟四：雙重覺察。[1]

如果你可以維持在原來的注意力的點上（身體的外面），又同時可以注意到呼吸、心跳、身體肌肉的張力（身體內部訊息），你就做到了雙重覺察的抽離。

步驟五：現在，想像你維持在外的「注意力的焦點」成為你的另一個視角。你可以把那個點想像成另一個自己，所以，現在就有了兩個你。

練習一下，把自己的知覺角度移到「外面的那個你」身上，讓你從「外在的那個你」觀察「被擠在人群中的你」──他（指被擠在人群中的你）看起來的樣子，他的表情、呼吸、心跳、他的姿勢所傳達的張力狀態，你可以觀察他，一如在觀察其他人一樣。

1　雙重覺察
　同時能覺察現在的自己是安全的，帶著這個「我現在在這裡，我是安全的」這個意念，然後，去探索跟覺察過去的事件，且在探索過程中能同時保持對「現在我很安全」跟「過去的事件」的兩個覺察，我們稱為「雙重覺察」。
　雙重覺察是處理創傷時，來訪者必須要擁有的重要技能，助人工作者必須確認或教會來訪者使用雙重覺察的能力。

步驟六：試著在這兩個視角間自由的移動，有的時候你可以在原來的身體裡面，有的時候你可以在身體外面觀察自己。

當你足以自由在兩者間切換，試著同時感受兩種視角，好像你既是身體裡的自己，又是外面觀察自己的人；又或者你既不是外面觀察自己的人，也不是在身體裡面的人，但可以同時感受著這兩種視角跟感覺。

步驟七：現在，恭喜你有了自由切換抽離跟融入的能力。

在進行完「抽離」之後，還要能帶入「資源」。

催眠大師史蒂芬·吉利根（Stephen Gilligan，以下皆用史蒂芬·吉利根）曾說：「生命一直流過你，一直到你讓它流不過。」

意思是，過去的痛苦之所以一直都在，原因是於潛意識認定你遇到相同的事情時仍然沒有對策，所以會不斷提醒你要面對它。只是每次痛苦都出現的太快、太大，瞬間就將你淹沒，顯而可見，這潛意識的提醒不只沒有幫到我們，反而幫了倒忙。

所以我們要學習，如何讓來訪者能夠帶入新的資源，以協助他們可以抽離於淹沒滅頂的痛苦以外，還能有新的資源來「幫助自己做些什麼」，進而得到自己的想要。

在進入方法之前，我先說明在 NLP 裡所謂的「資源」。

NLP 所說的資源，指的是個人內在的身心狀態，用比較時髦跟科學的形容就是：「你內在神經連結的狀態。」如果這樣還不明白，再換個容易理解的說法，也就是當你好心情的時候，你對壞事的容忍度就會高一點；反之，當你壞心情的時候，你對壞事的容忍度就會變得很差。簡單

來講，我們可以說「資源」就是一種好心情。

雖然心情是大家非常熟悉的詞，可是它怎麼在你的意識以外活動，甚至是時不時影響著你的過程，多數人對此都是非常的生疏。

我且借用醫學博士史蒂芬‧波吉斯（Stephen Porges，以下皆用史蒂芬‧波吉斯）的多重迷走神經理論，幫助你認識這些意識外的背景值：

首先，感受一下你此時此刻的身心狀態。

你的呼吸、心跳、身體肌肉方面的感受……哪些地方鬆？哪些地方緊？

你呼吸的時候，身體的肌肉是如何協調的？

我相信，此時此刻你正在看書，也許你也會進入一種平和的狀態，而這個平和的狀態，應該有一個比較和緩的呼吸、心跳，肌肉相對放鬆，呼吸應該比較和緩，比較接近腹部。

然後，我要你回憶你最近看到驚悚的新聞畫面，天災、意外、車禍、戰爭、人們受到傷害的情境……

當你做了之後，再次感受一下你此時此刻的身心狀態。

你的呼吸、心跳、身體肌肉方面的感受，哪些地方鬆？哪些地方緊？

你呼吸的時候，身體的肌肉是如何協調的？

好。事實上，此時此刻你正在看書，一切都很平安，不是嗎？可是一想到這些畫面，你的身心狀態是不是都起了很大的改變？

史蒂芬‧波吉斯為此給了一個新的英文造詞叫「神經感知」，意思是訊息未經過意識解析，身體就立即做出判斷和反應。

好像剛剛的體驗，我們換個方向來試：

現在你有個「壞心情」，只因為你是用「想像」來看見、聽到新聞的壞消息。

為了幫助你回到書上，所以，我要你「想像」一些美好事物，例如：一對戀人鏡映對方的笑容、一個笑得開懷的孩子、在母親懷抱中安穩的孩子……

現在，再感受看看你此時此刻的身心狀態。

你的呼吸、心跳、身體肌肉方面的感受……哪些地方鬆？哪些地方緊？

你呼吸的時候身體的肌肉是如何協調的？

你現在有了「好心情」。對吧！

或許你已經懂了身心狀態如何跟外在環境與內在環境互動，同樣的，來訪者之所以每次困在他的過去，便是因為外在環境有一個觸發，引起了內在環境（回憶的情境被喚醒）的變化，然後也掉入了身體反應之中，並且引起更多的回憶，而回憶又再引起更多的身體反應，就此陷入了無止境的迴圈中。

新行為產生法

接下來，我們可以試試這個引導稿的方法。

首先，我們要用剛剛練習的抽離技術，請來訪者先做個深呼吸，然後站起來，離開原來的位置。再請他想像，將那個位置的畫面調暗，最好能調到來訪者可以有比較和緩的身心狀態，才再請他開始：

將這個（指原來的位置的畫面）畫面放到牆上，並且將之想像是一

個電視螢幕，接著先把畫面變成黑白，別懷疑，把事情交給你的潛意識，想像你現握有一支遙控器，可以按下彩色／黑白的選項，讓畫面變成紀錄片一樣的黑白片。

我們先把畫面放在那邊，回到自己的身上。

抖一下、搖晃你的身體，雙手雙腳做點擺動，如果可以做出旋轉式的動作，能活動一下你的關節更好。

我知道，你對自己在那個情境中做出的反應不夠滿意，因為，如果已經滿意了，潛意識不會一直送出訊息要你面對它。所以，我們要協助你做出讓你自己覺得滿意的反應。

首先，我想請你邀請一位你覺得他在這個情境中，一定會做出讓你滿意的回應的人，他需要滿足一個條件：這個人必須是一位為你很欣賞的人。因為，我們無法接受不喜歡的人的資源。

這個人最好是你自己的親朋好友，其次是公眾人物，或是虛擬人物，例如：書本、電影或電視劇中，你所熟悉又鮮明的人物，像福爾摩斯、哈利波特、海盜王的魯夫，也可以是已經死掉的歷史偉人。

想像這個人來到你的身邊，想像他是一個什麼樣的人，看看他有什麼你所沒有的資源，並且能夠做出你所滿意的行為回應，而在那困住你的情境中，如果是他，他會做出什麼樣不同但同時也是你滿意的回應，他怎麼做的？

想像他跟你說：「我可以幫助你，給你我的力量。」

然後他走上螢幕換下你的角色，是的，現在在螢幕裡，他要代替你完成有效的回應。

注意觀察他是怎麼做的，他做這些事的表情、動作，他的呼吸、心

跳、他的肌肉張力……

多看幾次他是如何辦到的，摹仿他的動作、表情，他的呼吸、心跳、他的肌肉張力……

當你看著他在做這些事，幾乎就能預測他下一個回應之時。

現在，你可以為他換個臉，就像今天最新的深偽（Deep Fake）科技，把他的臉換成你的臉。然後看著換臉後的他，再次在螢幕裡做出你滿意的回應。

多做幾次後，遵循前面的步驟方法，摹仿他是怎麼辦到的。

然後，讓原來被替換的你上去和他換下來，換成你看著螢幕上的你，按照你的腳本做出你想要的反應。你可以隨時修改你的反應，直到你覺得這個行為反應是你滿意的為止。

最後，將螢幕變成彩色，想像你進入螢幕，用第一人稱的角度，做出你要的行為反應。

這是一個借假修真的NLP技術，我們稱之為「新行為產生法」。

你可以用這個方法，把你欣賞的人物所具備的行為能力借用過來，並以此處理你現在一直無法做出來的行為反應，如此一來，過去的困擾就再也不會困住你了。

我們從「你要什麼」、「你正在得到什麼」到「擺脫過去的干擾」，以及「幫助人得到資源、能力」，一路解說過來，這些都是基本功，只要你已經完全理解並知道如何使用，那麼你就能善用NLP的基本改變模式來幫助自己跟別人了。

次感元以及
如何善用次感元

NLP 不在意問題的理論，我們關心的是問題的結構，
改變結構就能改變問題。

——唐道德——

什麼是次感元（Submodalities）？

簡單回顧一下，在第二章我們談到「融入／抽離」，第一章則是談到「時間線」，這些在NLP裡都是由「次感元」的概念與結構所組成的元素。那麼什麼是次感元？我將在這一章將詳細說明。

次感元指的是五感（視、聽、觸、味、嗅）所組成的元素，所謂的五感在NLP又稱五個「表象系統」，這「視、聽、觸、味、嗅」也是我們內在經驗的基石。

任何我們的感官可以於外在世界分辨的差異，我們都可在內部重現它。比如，在外在看到的「色彩」或感受到的「距離」，都能像在心裡重現細節，這些細節在NLP稱之為「次感元」，是感官更小的組成元素，也是讓每個經驗之間有所差異的要素。

如果，上面的說明還不夠清楚，不妨讓你直接來體驗看看，也許能更了解什麼是次感元。

現在，我要邀請你舒適地坐好，然後回想一段愉悅的回憶，並且在心中看到那個回憶的畫面：

那畫面是黑白或彩色的？

是會動的，還是靜止的？有多明亮呢？

你是透過自己的眼睛看到那景像，或是你可以看到自己在那個畫面中？

（以上是視覺次感元的例子。）

好，現在讓那畫面逐漸消失。
現在，傾聽一段在你記憶中的聲響或談話。
它們是很大聲的，或是很柔和的？
聲音很近，還是很遠？
是持續的聲音嗎？是清晰的？還是喃喃低聲的？
它們是從那個方向來的？
（這些則是聽覺的次感元。）

好，現在讓聲音逐漸消失。
現在來找找感覺，它是位在你身體的那一部分？
每一種感覺是大或小呢？溫暖或冷冷的？
強度怎樣？
感覺涵蓋多大的區域？
（這些都是觸覺次感元。）

好，讓那些感覺消失。
　　以上，我們簡單體驗著視覺、聽覺和身體性感覺的次感元。一般來說，感官感受是多元的，下面有個次感元表格（圖三），是節錄自我的NLP老師王輔天神父的教材，讀者不妨可以自行參考體驗。

次感元一覽表				
視　覺		聽　覺	身體性	嗅覺／味覺
1 亮度 2 光線的方向 3 明暗的對比 4 雷射光 5 清晰或模糊 6 焦點 7 彩色或黑白 8 彩色的濃度或黑白的深淺 9 色調 10 顏色的對比性	11 主體大小 12 形狀 13 位置 14 距離 15 畫面大小 16 多重畫面或單一畫面 17 畫面有框或無框 18 縱向畫面或橫向畫面 19 畫面的閃爍性 20 畫面的穩定性	1 音調 2 速度 3 音量 4 節奏或韻律 5 連續或間斷 6 音質 7 有歌詞或無歌詞 8 身歷其境或旁觀 9 持續性 10 位置 11 距離 12 對比 13 主體或背景 14 清晰或模糊 15 出現數量	1 壓力 2 位置 3 面積 4 質地 5 溫度 6 數量 7 靜態或動態 8 強度 9 形狀 10 節奏 11 其他	1 強度 2 持續時間 3 來自何方 4 位置 5 間歇性 6 變異性 7 距離 8 其他

圖三　次感元

　　據說，最早發現次感元現象的是米爾頓‧艾瑞克森（Milton Erickson，以下皆用艾瑞克森）。

　　那是在一次協助治療的案例，當時他的一位醫生朋友帶著其患有妄想的病人，搭了一個小時的飛機來見艾瑞克森。

　　原本該醫生想讓病患接受艾瑞克森的催眠治療，但該患者並不願意被催眠，於是艾瑞克森再次拿出他的看家本領——間接催眠，也就是藉

由該催眠醫師，以間接催眠方式催眠了該名妄想患者。

催眠過程中，艾瑞克森要醫師去想像，他們是開車來的，接著讓他想像沿途所經過的路徑和風景，然後艾瑞克森再喚醒他們。

艾瑞克森問病患：「你是怎麼來的？」

病患說：「我們是開車來的。」

艾瑞克森看向醫師：「你是怎麼來的？」

醫師說：「我們是坐飛機來的。」

艾瑞克森又問醫師：「你是怎麼分辨出事實，和剛剛的催眠想像？」

醫師回答：「一個畫面有外框，一個沒有。」

聽完，艾瑞克森便對醫師：「現在，把你會的教給他。」

這個故事讓我們知道，「次感元」不只是一種感官現象，我們還可以用來做非常有效的心理干預。後面，我將提供幾個練習稿，讓讀者們也能好好體會「次感元」對你心理狀態的影響。

探索「次感元」步驟

步驟一

想到一個簡單的愉快經驗（不要挑具有意義重大的經驗），然後，請開始注意這個畫面帶給你的感覺，包含呼吸、肌肉身體方面的感受。也許你可以為這個情緒給個命名，並且再給一個主觀的情緒強度的分數，假如最低是0，最高是10，你給幾分？

然後，開始好好覺察這個內在畫面，它有邊框嗎？還是沒有？它的位置是在你身體相對的哪一個位置？畫面有多大？是彩色的畫面，還是

黑白的畫面？是立體的，還是平面的？是像電影一樣會動嗎？還是像照片一樣靜止的？畫面是清晰的，還是模糊的？明亮嗎？還是畫面偏黯淡？

（以上，這些問句都是視覺次感元。）

步驟二

接著改變這個畫面的大小、遠近、彩色或黑白、立體或平面、清晰或模糊，看看這些次感元在改變之後，給自己帶來的感觸上的強度變化。（每一次改變都要檢查，在次感元改變後自己在主觀情緒強度上所發生的影響和變化。）

步驟三

做簡單的歸納，例如：當畫面變大時，你的情緒強度是增強的，還是減弱的？或是當畫面變小時，那情緒強度是增強，還是減弱？

還有，當畫面變遠時，情緒強度是增強，還是減弱？同樣的，當畫面變近時，也檢查看看你情緒強度上的變化？

再看看，畫面的遠近、大小會有聯動嗎？那是哪一個帶動哪一個？是拉遠會變大，還是拉近會變大？（當某個次感元會帶動其他次感元變化時，我們會說這個次感元是帶有驅動力的次感元。）

最後逐一檢視所有感覺與變化，並列出自己的次感元影響表格。

步驟四

回想一下，如何在日常生活運用這些。

比方，某人要去面對他所害怕見到的客戶（也可以是你討厭且懼怕的人）。

　　這時，你可以想像他就站在你的面前，建議你可以注意一下你的內在是如何扭曲你自己的認知，就像現在，只是想像你腦中看見的客戶，是不是比真實生活中的他要來得巨大許多？（據我所知，大多數人都是這樣的。）

　　接下來，我要請你開始想像，該客戶就在你面前變小，一直變小，小到只有一寸那麼小，你低頭看著他，好像一不小心你就會踩到他那樣。

　　現在，請你檢視一下自己，你的恐懼在哪裡？你還會害怕嗎？

　　以上，就是「次感元」的探索體驗。

　　次感元的運用在NLP領域可以說是無所不在，我在《催眠和你想的不一樣》的書中也有介紹，如何使用次感元做有效的疼痛控制。

　　在這裡，我要介紹跟次感元非常相關的三個重建大腦神經元連結的方法，它們分別是NLP的「咻～模式」中一個比較常見的「視覺咻～模式」；另一個則是較少人懂的「聲音咻～模式」，這裡我將提供的版本是源自羅伯特・麥克唐納（Robert Dee McDonald，以下皆用羅伯特・麥克唐納），羅伯特・麥克唐納便是利用聲音的咻～模式協助了來訪者的早期信念，且效果相當顯著。

　　最後是羅伯特・迪爾茨的前景／背景法，這是一個跟次感元移轉相關的技術，可以用來轉換害怕的事物。

　　不過在介紹這些技術之前，我們要先探討NLP所應用的神經干預的概念藍圖——T.O.T.E.。

T.O.T.E. 模式

什麼是「T.O.T.E. 模式」？

「T.O.T.E.」是 Test（檢測）、Operate（實行）、Test（檢測）以及 Exit（出口）的簡稱，這個模式是喬治‧米勒（George Miller）、尤金‧加蘭特（Eugene Galanter），以及卡爾‧普里布拉姆（Karl Pribram）所共同提出的人因工程概念，而 NLP 則借用這個概念來解釋「刺激—反應」模型，如圖四。

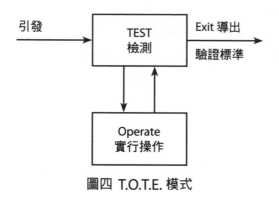

圖四 T.O.T.E. 模式

T.O.T.E. 的概念是，所有的心理、行為程序都是圍繞著「具有固定目標」和「實現該目標」的可變手段而展開。關於這個概念，我再舉「狗遇到郵差送信的過程」來說明，應該可以讓大家更容易理解這個模型。

用這個例子，可以讓大家更容易知道，T.O.T.E.並不是意識的過程，而是一個被自動執行的非意識過程。其引發過程就像這樣：

一個郵差來送信，他的腳步聲打破了原本關在家中的狗狗之安全感（**引發**），於是，狗吠了起來（**操作**），不過郵差沒有離開，相反的，他走得更靠近，（這時狗的安全的**驗證標準**沒有通過），因此狗繼續吠，因為原來操作沒有效，所以這次狗變得更激動了（**改變操作方式**），當郵差靠更近門邊時，只見狗不只狂吠，還跳起來用力抓門。（這就好像生活中，我們常見到人們吵架的情景，兩個人在吵架時就是一連串無效的T.O.T.E.，跟這隻狗是不是很像？）

郵差終於把信遞送進信箱，腳步漸漸離開，狗狗也慢慢平息了下來，牠檢查了自己的驗證標準（**符合安全**），也很自然地就結束了這個過程。

任何看似快速又無法分割的「刺激—反應」行為，都可以像上面這個例子，我們可以藉由這個簡單的模型，輕易解構出清楚的脈絡。帶著這個概念，看著任何人做出的不可思議的行為反應，我們就可以在認知層面上決定如何介入了。

舉吵架的例子，如果我們從其中一個人的視角來看——我需要跟對方溝通（引發），引發的同時就有了一個模糊的目標——他要了解並同意我。於是就進入溝通與互動中，且不斷地反覆操作，若沒有達成目標（驗證標準），那麼「操作——檢測（不符合驗證標準）——操作」就會持續進行，而不會終止。

這時，如果有一方的操作策略是提高音量，加上不耐煩（因為持續努力而一直沒有成效所引發的），出現了不友善的表情，這就會在原本溝

通過程中，引發另一個關於憤怒反應的 T.O.T.E. 流程。

回頭想想，我們常常為別人貼上愛生氣的標籤，卻忽略了這個人並不是無時無刻在生氣，事實上他也是有心平氣和的時候，而之所以會生氣，是因為他的生氣一直被引發了。換言之，如果我們能找到引發的關鍵因素，並在溝通過程中移除（在這個例子中指的就是音量的提升與不耐煩的表情），溝通就可以更順遂了。

其實，不只是進行中的 T.O.T.E. 可能因為一個更強烈情緒或更重要的 T.O.T.E. 所中斷，一個大的 T.O.T.E. 也可能會包含很多小的 T.O.T.E.。

例如，我看見木板凳被坐壞了（引發），我心中浮現了想要把木板凳修好的畫面（理想目標），於是我想到去拿鐵鎚和鐵釘（拿到工具的小目標），我也起身（行動）去拿工具了（操作），我拿到了鐵鎚跟鐵釘（完成拿到工具的小目標）。接著，我開始把釘子釘在正確的地方（另一個小目標），在我敲釘子的反覆操作過程，我一直檢查有沒有把這根釘子釘好（驗證標準）。而我可能不只釘一根釘子，也就是說，每一根釘子的 T.O.T.E. 流程都會需要做很多遍。

所以，「刺激—反應」不會無故的發生，一定會先有一個引發（扳機），換句話說，不管是外在還是內在，一定是來訪者看見、聽到、聞到、嚐到、感覺到某個「刺激」，然後 T.O.T.E. 的流程才會開始。

簡單來說，NLP 有很多干預是介入在 T.O.T.E. 模型的引發處，我們會在這裡（引發處）打斷原來的連結，然後把新的連結接上我們想要擁有的新行為模組，而接下來我要談的「咻～模式」，就是這個連結新行為的典型技術，它會在打斷舊連結之後會把新的連結接上，讓我們產生新的行為。

視覺「咻～模式」

「視覺咻～模式」可以用在處理不想要的行為或念頭。比方，如果你有一個不想要的行為和念頭出現，而你的意識卻無法控制它，這表示在你的大腦裡有個牢固的模式，這個模式很難從意識給以干預。

這時，「視覺咻～模式」就能幫助你快速而有效的改善。接下來，我將介紹「咻～模式」的原理跟小體驗。

我喜歡說 NLP 或催眠干預的做法，就是「打破舊連結，創造新連結」，它會讓原來的「刺激—反應」的模式被打斷，從而連結到我們想要啟動的反應上。

由於我不是腦神經科學專家，所以也無從提供什麼科學證據給你，不過，我倒是有一個小實驗可以讓你了解「咻～模式」的現象。

首先，你可以拿一張白紙或是書本，需要是足以遮住一個杯子的尺寸大小。然後讓來訪者坐到你的對面，請他全心全意地專注這個杯子，即使你的紙遮住了杯子，也請他繼續注視那個位置，不要移動。

紙張是用來遮住杯子的，而不是去遮住來訪者的眼睛，所以請將紙靠在杯子這邊，如此才能免除接受實驗的來訪者在視覺焦距實驗過程中，因為視覺上不斷地快速轉變，以致引起不舒服。

接下來，你用紙遮住杯子，接著再打開，再遮住，重複做個十來次，從慢到快，最後把紙張遮在杯子的位置，同時也拿開杯子。

然後問來訪者，當他看著紙時，他想到什麼？

答案想必會是「杯子」的。

那是因為在這反覆「打開、遮住」的過程中，我們為「紙」與「杯子」創造了一個強烈的連結。

換言之，從這個實驗概念出發，我們可以為一個不希望再出現的行為或念頭，使用咻～模式來打斷它，然後創造新連結到原本舊反應的刺激上，以新的行為念頭替換上舊的行為，讓人能替換上真正想要的新反應，想一想，這不是一件很棒的事嗎？

「視覺咻～模式」的兩個畫面

視覺「咻～模式」會使用兩個畫面。

一個畫面是，要改變的行為或念頭，它必須是融入的（以第一人稱的）畫面，也就是說，在場景裡——你要用你自己的感官經驗，用自己的眼睛看，用自己的耳朵聽，用自己身體的經驗在經驗，也由於是第一人稱的角度，因此在這個畫面中，你不會看見自己的全身投影。

另一個畫面是，你想要擁有的理想畫面，它得是抽離的五感經驗，因為它是還沒有發生的畫面，因此在創造這個新的經驗時，我們可以用第一章的設定結果，或者是用第二章的新行為產生法，預先去想像一下，想像的時候最好能夠全心地融入體驗，這會有助於我們確認這個（想像）是不是「我想要的」。

在確認這個結果是你想要的之後，你就必須想像自己「從自己的身上退出來」，就好像變成你在觀看電視螢幕那樣，是從外面看著自己在這

個「想要的畫面」中，亦即我們是從原本的畫面抽離出來，來到第三人稱的位置觀看自己（指前面的畫面中理想的自己）。

在這個畫面中，之所以要維持抽離於第三人稱畫面，是因為早期NLP認為，這個理想畫面中的自己尚未實現，於是為了區隔現實，以第三人稱的畫面（位置）觀看自己，可以產生「我想要變成他」的驅力。

「視覺咻～模式」畫面的配置準備

① 想去除的畫面

這個畫面的內容必須是那個想改善行為是在：即將要發生但還沒有發生的一霎那。

例如：我看見有人抖腳，情緒就會大幅波動。

於是安置在這裡的畫面就必須是「我看見有人在抖腳」，而不能是之後「我的情緒上來」時及後續的畫面。又比方，你想要自己不要再咬指甲了，那畫面就要是在「我的眼睛餘光看見我的手」之時，而不是你已經咬著指甲的那一刻。

最後要提醒的是，你所想去除的畫面，只能是「從大變小」（即大小法），或是在變遠的同時變小（即遠近法），原則上這就是一個要被消除的畫面，所以，不要再有其他變化。

② 理想畫面

可以是你過去已具有的理想狀態的畫面，或者是你全新創造出來的理想畫面。

這個理想畫面不是單純的一個畫面，它必須可以連結上來訪者想要擁有的理想、熱情，它是要用畫面作為情感連結的象徵，如果當中的情感連結不在，那麼這個「視覺咻～模式」就會失去了功效。

同樣的，理想畫面只能「從小變大」（即大小法），或「變近同時變大」（即遠近法）。

③ 視覺「咻～模式」整個過程（圖五）

想去除畫面 → 理想畫面覆蓋想去除的畫面 → 停留在理想畫面 → 睜開眼睛（防止畫面反轉）

視覺「咻～模式」完整步驟

步驟一：請來訪者找出一件他想要改變的事情，比方，當某種特別的事情發生時，他會做出一些連他自己都不喜歡的行為或念頭。

步驟二：請來訪者閉上眼，想像他在那個情境中時，也就是當他身歷其境時所看到的東西，同時也開始觀察自己，有沒有出現些什麼感覺、感受，記住：如果沒有感受連結，「咻～模式」就會失去作用。（注

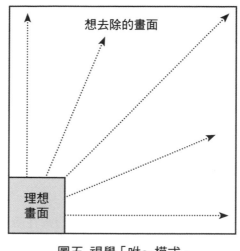

圖五 視覺「咻～模式」

意：步驟二會是一個融入的畫面）

　　在步驟二完成時，請先做一個中斷。

　　步驟三：執行師指示來訪者建構一個又大又亮的方形畫面，裡面是來訪者在步驟二中，身歷其境時所看到的畫面。要去確認這個景象是被框在這方形畫面中，沒有超出該範圍。

　　然後執行師可以請來訪者調亮並調大這個畫面，看看他的感受是否有變得更加強烈，假如沒有，我們就要再找出其他能有效增強他的次感元感受。這個程序是為了確保這個次感元是有用的次感元，因為如果變大跟變亮可以增強，那麼變小跟變暗就可以使得情緒強度減弱。

　　找到之後，請記得中斷。

步驟四：請來訪者另外想像建構一個新的畫面，在這畫面中，來訪者的行為是已經改變的，也是他感覺滿意的。

　　當來訪者完成後，問他是否滿意看到畫面後的感受？（注意：執行師要觀察來訪者的肢體語言是否一致。）

　　步驟五：請來訪者打開眼睛，聽執行師指示下列要轉換的指示：

　　在想去除的畫面，你看到了當時那件事發生之時，也看到那時的事物。（這時來訪者是要能融入的）

　　在理想畫面中，你看到你自己以不同的方式在處理這件事（行為改變），是用你喜歡的方式在做。

　　接著，請將理想畫面縮小，直到變成一張小郵票那樣小，然後將它貼在想去除的畫面上，即那張又大又亮且有框的畫面裡的角落或中心。

　　然後，將大畫面慢慢的變小變暗，同時將小郵票的畫面變大變亮，直到完全覆蓋原有的想去除畫面的範圍，若超過想去除的畫面範圍也是可以。

　　當想去除畫面變小變暗並消失了，且完全被覆蓋，這時你只能看到理想畫面。

　　確認來訪者能夠做到後，繼續說明正式執行時，我們會請他先閉上眼睛，當來訪者完成這個過程，請他立即張開眼睛。

　　（注意：步驟五是一個單行道的過程，不可以做反向的執行。也就是只能用理想畫面去覆蓋他想去除的畫面，可以在開始前先提醒他，動作完成時一定要請他立即張開眼睛，進行中斷。）

步驟六：確認來訪者完全了解這個過程，並且能夠正確的執行整個過程。

步驟七：請來訪者重複至少五次這個「咻～模式」，而且過程要一次比一次快速的轉換，最後再看看來訪者是否已達到他在步驟四時，所想要擁有的資源狀態的強度。

步驟八：中斷一下。然後，請來訪者再次回想原來要去除的那個不好的經驗，看看現在他的內在是否有些什麼變化。

步驟九：未來模擬，也就是面臨未來。

請來訪者閉上眼睛，想像一下，如果像「步驟二的畫面」類似的事件在未來發生時，他會看到什麼？未來的他有些什麼感受，或有什麼想法、行為？

步驟十：中斷。

事實上，學過NLP的人多數都知道「視覺的咻～模式」，但聽過「聽覺咻～模式」的人可能就不多了，下面我就要分享「聽覺咻～模式」的方法。

聽覺「咻～模式」

「聽覺咻～模式」是我在看到羅伯特‧麥克唐納的示範才學到的，影片給了我很大的震撼，我們都知道NLP創始人理查‧班德勒會使用次感元來改變信念，但是NLPU創始人羅伯特‧迪爾茨認為，大多數NLP技術之所以無效，便是因為違反了來訪者的信念。

雖然兩個人的看法迥異，但是他們仍然各自擁有為數不少的支持者。

繼續來談羅伯特‧麥克唐納，他巧妙地看見大多數來訪者的限制性信念的產生，而這些限制性信念幾乎是來自他們早期童年，尤其是源自其父母長輩的言語植入。發現之後，他試著使用「聲音咻～模式」來干預，巧妙地將被植入的聲音信念以「次感元」予以重組，把他們童年記憶中被植入的信念打斷，並重新連結到自己的想要的理想狀態。

對我來說，羅伯特‧麥克唐納是真正示範了對限制性信念化繁為簡的處理方式，而他所使用的技巧正是「聽覺咻～模式」。

改變限制性信念

「聽覺咻～模式」用在處理處理限制性信念，效果十分顯著。

而「聽覺咻～模式」的設置，跟「視覺咻～模式」一樣要設置兩個不同的聲音，一個是想要去除的聲音，另一個是想要建立的理想狀態的

聲音。

　　跟「視覺咻～模式」一樣，為了確保來訪者的各個優勢感官都能發揮其效力，這兩個聲音必須連結強烈的感受，有伴隨畫面也很好，但是重點在聲音，它必須被豐厚成為整個經驗的象徵。

　　同樣的，在次感元切換結束之後，也要讓來訪者像在視覺咻～模式時一樣（張開眼睛）做個中斷，在聽覺咻～模式中，我們在完成理想狀態聲音之後，所要建立的中斷，可以是中性的海浪聲、下雨聲、汽車呼嘯而過的聲音，簡單說，和來訪者討論後，挑選一個他可以接受且感覺舒服的聲響來做中斷動作。

聽覺「咻～模式」的配置準備

① 想去除的聲音

　　信念通常是早期決定植入的，且這些早期信念通常會是一串簡短的文字，缺乏上下文的背景，問他為什麼這麼認為，很可能都找不到前後故事，也不清楚接收來源。例如：

　　男人都不可靠。

　　女人都很虛榮。

　　有錢人都為富不仁。

　　窮人都容易失志。

　　然而，不管是被他人植入的信念，還是自己生活中得出的總結，你

都可以使用「聲音啾～模式」來處理這個限制性的信念，只要你能找到這一句話。

　　現在，我們可以再從羅伯特・麥克唐納的黃金三問句開始：

● ――你要什麼？

● ――你想要在什麼時候得到它？你怎麼知道你已經得到它？

● ――是什麼妨礙了你？

　　第三個問句「是什麼妨礙了你？」，可以幫助我們找到那個障礙，我們在喚醒障礙身體的情緒後，可以先行定位，然後透過回溯的技術（請參考我的上一本著作《催眠和你想的不一樣》，裡面有提供本技術腳本），不只能找到相關的早期事件，還能找出深刻影響來訪者信念的那一句重要話語。

　　如果你找不到事件或聲音，請試試這個我所提供的情境，這可以協助你開始練習這個技術：「請想到一個別人議論你的經驗，無論你當時是在場，或是在事後聽見別人轉述。試著回想那些人議論你的事件，他們說些什麼？哪一句話帶給你的情緒感受最強烈？足以作為一個象徵代表這件事？」

② 理想狀態的聲音

　　這個想要的「理想狀態」信念的聲音，一樣要由來訪者找出他真正想要的才能進行，這才能完完全全的融入那個理想狀態，體驗理想狀態的身心狀態，並真正的感受那個感受，最後才給出一個命名，形成新的

且有助於他的一句話。

　　要特別提醒的是，這句話必須是正向的描述，同時還要符合正向意圖，如此才能真正連結到理想狀態的身心感受。

聽覺「咻～模式」完整步驟

　　這個示範腳本是摘自羅伯特・麥克唐納示範的 DVD 影片，由於版權問題，本腳本略經刪減及簡化，如果想更進一步學習，可以至其官網「The Telos Healing Center」，搜尋其相關的教學 DVD 與教材。

步驟一
執行師：「如果有一個結果是你真實想要的，那會是什麼？」
來訪者：「安全跟自由。」

步驟二
執行師：「如果你真的那麼想得到它，然而你卻得不到，那是什麼阻礙了你？你感覺到什麼取代了你原來的結果？那是什麼？你在哪裡感覺到它？」
來訪者：「我感到難過，在胸口有鬱悶的感受。」

步驟三
執行師：「定位，這感覺你熟悉嗎？這為你帶來什麼回憶？」（等待畫面、情境、聲音、感受，注意信念的出現，讓經驗說出文字語言的總

結，這必須是一個短句。）

來訪者：「我想到小時候，我爸爸看著帳單，然後說『我們付不起』⋯⋯這讓我感覺到難過跟害怕。」

步驟四

探討這個聲音。並且再次引發這個反應，讓案主定位。

執行師：「你會在什麼時候聽到它，多久聽到它一次？說些什麼內容？請你仔細地聽清楚每一個字，你知道這是誰的聲音嗎？（去辯認出這個聲音是誰的）聲音出現在哪裡（即次感元標示）？」

來訪者：「聲音在腦袋轉，是我爸爸的聲音。」（再次跟個案確定，所有跟這個限制性信念有關的次感元，並重現它，以確認是否正確。）

步驟五

將原來想要去除的聲音轉化、移動到比較不干擾來訪者的地方，同時也幫助來訪者把反應跟聲音外化在前方。

例如對來訪者說：「請你用手把那個聲音捉出來放到你的正前方，交給我。」

執行師則捉住那個外化後的象徵，對來訪者來說：「聲音可能伴隨影像，或只有聲音。」但是對執行者而言，最重要的仍是跟聲音一起工作，因此，執行師可用手勢將聲音移動到地上。這是因為聲音的高度跟影響程度的大小成正比，因此，這個動作通常能讓來訪者覺得這句話不再對她有那麼大影響，或是不再相信這句話。

然後，執行師繼續說：「現在，我把它用釘子釘在地板上。」通常他

就不再相信這句話了。期間仍要記得，感官測量來訪者的反應，是否伴隨聲音的位置移往下方而變得輕鬆。

步驟六

中斷。

中斷方式，你也可以問他的電話號碼，並且要求他倒著念一次電話號碼。

步驟七

確認聲音發生的時候，它是被釘在地板了。

請來訪者試著將聲音改變，比方變成米老鼠的聲音，然後請他想像自己正按著快轉鍵，讓這個替換的「米老鼠的聲音」變快，接著再換成慢轉，也就是讓米老鼠的聲音變慢，提醒來訪者「變快、變慢、變快……」，不斷變化，直到案主一想到這句話就覺得好笑（或舒服）為止。

最後，再次確認聲音釘在地板，並請來訪者說說現在他聽到什麼？

記得要感官測量，觀察他的表情是否平靜肯定的。

在收到來訪者聽到的那句話後，執行師可以這麼問他：「他說這句話是為了要影響你，但是，當他只能在那裡說這句話，你感覺……」

在來訪者將感覺說出後，記得再次「中斷」。

步驟八

找到來訪者「真正相信」某件事的聲音或內言，並且注意它的次感元是什麼樣子。

執行師：「如果你能區分，試著找到你能分辨出來的真實的經驗。小時候，你總是很專注在區分什麼是真的，什麼是假的。你很注意區辨兩者的不同，因為，這對你的生存很重要，而你不會搞錯，對嗎？

你很在意這個，不是為了否定什麼，而是為了尋找真相。很多人會說這是批判，但事實是為了尋找真相。

我希望你在尋找真相的過程中，能注意到，有一個你自己的聲音，在你前面的一、兩步位置，並面對你說：『我感覺很安全。』（即來訪者想要的結果）

當他（指案主想像的在面前說話的自己）說這件事的時候，你知道他是認真的，也可以分辨出他說的是不是真相，而你也知道，他有能力分辨什麼是真的，什麼是假的，現在他很認真的跟你說『我感覺很安全』，他在向你聲明『我現在覺得自己安全了。』

這就是真相。

他現在正在告訴你：『我安全了、我安全了、我安全了。』

你不需要知道他是如何做到的，但是，你從他說話的樣子，你知道這是真的，而且你也想跟他一樣，能夠用這樣的方式去表達這個真相與真實，甚至帶點幽默感再說一次：『我安全了、我安全了、我安全了。』

當他這樣說的時候，那個聲音是這樣子（這時執行師要做一個動作，將你的手勢從來訪者頭部左邊移動，然後繞著頭轉三圈出來），還是這樣子？（這次將手勢從案主左右邊進去，繞著頭轉三圈出來，不管是從左邊或右邊，請多做幾次讓案主找到方向）你比較喜歡那一邊？（讓案主選擇）」

最後，執行師站起來，對著來訪者說「我感到安全了、我感到安全

了、我感到安全了」三次，同時每說一次手繞行著他的頭一圈，要記得是來訪者所選擇的方向，共繞三圈。最後，照上述程序再做兩次至三次。

執行師：「當他說話的時候，他用的是你的聲音，你自己的聲音，＿＿（案主的名字）　的聲音，而那個聲音是肯定的聲音（即肯定其所選擇的理想狀態聲音），這個感受很真實，你很喜歡，你也想要成為那個樣子，那樣說話。」

步驟九

把釘在地板的聲音拿起來，讓它變回原來的聲音，只是這一次，在他每一次發出聲音時，就要像機器被拔掉插頭一樣：「我……（即前面提到的『我們付不起』的字句）」，在未說完前就立即將聲音變慢、變小、不見，在此同時，還要搭配手勢旋轉向下，並且讓這個聲音永遠沒有機會說完整句話，每次「我……」聲音出現，同時要讓該聲音「變慢、變小、不見」。

執行師：「是的，每當說『我……』聲音就變慢、變小、不見（手勢旋轉向下）。」

重複以上動作，並用越來越誇張的方式讓聲音不見。最後執行師還可以這麼對他說：「很好，另一件有趣的事，是在這之後會伴隨海浪的聲音。」執行師可以在這時發出海浪聲，並且配合手勢將聲音推向遠方，最後進行中斷。

步驟十

將三個聲音組合起來。

①──（原來的信念）「我……」聲音就變慢變小，然後不見（搭配手勢旋轉向下）。

②──（達成結果的信念）那個真實又美好的聲音就升起，執行師從底下把手旋轉抬高，對案主說「我感到安全了、我感到安全了、我感到安全了」三次，每說一次，手繞行頭一圈，共三圈，

③──最後是海浪聲來了，把這些東西都帶走。（執行師發出海浪聲，並配合手勢，將聲音推向遠方）

以上重複至少三次，並且交給來訪者自己做三次，提醒他在練習時，速度要一次比一次快，同時每次都感到安全，最後讓海浪聲把那些帶走。

執行師不妨再示範三次更快的方法，你可以將聲音壓縮到分不清。

然後告訴來訪者：「如果你能像這樣做個十次，一次要比一次快，快到你連想都不用想，你的腦袋就可以自動執行這個過程。」

等來訪者自己練習完成後，執行師可以和他說明：「經過了這麼多次，最後你仍然可以聽到『我感到安全了』，那聲音一直迴盪在你四周，你可以聽到，這是真實的，從你的前面、左邊、後面、右邊、上面、下面，然後變成一顆球包住你的聲音，變成十幾層圍繞著你的聲音，且一直擴散到整個空間，都是 （**個案的名字**） 在跟你說『感到安全、感到安全、感到安全……』，就像是個合唱音聲，唱著同一個旋律，和諧又共振。」

「現在覺得如何？」記得感官測量。

中斷。

步驟十一

面臨未來。

執行師：「當你再次想到這件事，你的反應？」或「未來類似的事發生，你會？」

NLP就是大腦的使用手冊

學習了兩種咻～模式的體驗後，你應該可以理解，何以這門學問叫做神經語言心法了吧！即我們使用大腦的語言跟大腦做溝通與編織，但它所做的不只是認知層次的文字溝通而已。

什麼是大腦的語言？

我用電腦的情況來舉例：

我們是藉由某種介面語言跟電腦溝通，不管你用的是Window視窗、蘋果ISO或手機安卓系統，這些都是高階語言——**在大腦中就是「文字語言」**。

又如果這些程式視窗壞了，我們便要進入下一階的程式碼修復——**在大腦中等於「視覺、聽覺、觸覺、味覺、嗅覺的五感經驗」**。

如果程式碼壞了，我們就要進入低階的語言——**在大腦中即「次感**

元」。

如果是機件壞了，那在軟體上就要視損傷情況看看能不能修復了——**在大腦中指的是「腦損傷」。**

你現在看著的文字語言是一種高階語言，需要大量認知層次的工作，但是用在與大腦溝通來說，卻不是很好的溝通工具。

理查‧班德勒喜歡說：「否定句只存在語法之中。」

好像，如果你跟自己說「不要想紅色的大象」十次，十次之後，猜猜看你在想什麼？

是的，正是「紅色的大象」！

回想我在第一章所說的「隨便先生／小姐」，在日常生活中，我們多數的時候一直說著「我不要」，但事實上在這樣的時候，我們的大腦往往是不斷地出現那個「我不要」的東西。無怪乎，我們不快樂的時間總是比較多，不是嗎？

我想說，前兩個章的練習結束之後，如果還不能成為你的思考跟行動習慣，請你反覆練習吧，直到它成為你的慣性為止。

現在，我來說說剛剛提到的「紅色大象」，像這一類認知層面的高階語言文字，我們的大腦是如何去理解的呢？

「我們一開始浮現一個畫面！」

也許，因為你看過大象，於是大象的畫面出現了。

但是，你可能沒看過紅色的大象啊？

那麼你會怎麼做？

我們會就語言文字自己來腦補，開始想像「紅色的大象」可能長的什麼樣子？

至於各位會如何想像，這就看每個人的差異性了，好像有些人眨個眼睛，大象就變顏色了；有些人需要具象化，他可能要將對於紅色大象的想像畫在紙上，並且塗上顏色才行等等。

　　這些，對身為NLP的執行者來說，自然必須了解這些差異性的重要，如此，我們才可以配合來訪者，並順勢而為。

　　我想強調的是，大腦真正在使用的語言是**經驗性**的。

　　那麼什麼是「經驗性」？

　　現在，你不妨放下書，看看你的四周。

　　你看見什麼？

　　聽見什麼？

　　聞到、嚐到什麼？

　　感覺到什麼？

　　所謂的「經驗性」便是這種五感的經驗，和文字不一樣，這是我們的第一手體驗，如果我們不能把文字轉成第一手的五感經驗，我們跟文字就會有一層障礙。

　　這在看小說的時候會特別明顯，因為你必須把文字幻化成場景、人物、表情、手勢、聲音、味道甚至觸感，然後你才能進入作者的世界，而這些才是大腦的語言，也才是我們真正能理解的世界。

　　人透過「五感」跟「次感元」來和大腦作溝通，這便是語言「神經（Neuro）」命名的由來。

　　當然，我們使用文字來傳遞訊息很重要，但事實上非文字的方式所傳達訊息更多。「我不要」或「你好棒」在配合不同的「聲音語調、表情、姿勢」後，我們反而更能看見多重的意思，這也正是人際溝通時的微妙

之處，卻也是導致誤會發生的地方，也可能是用於操控影響力的方式。

NLP很看重的是文字跟非文字之間的不一致，就像佛洛伊德對不小心的「口誤」很敏感，NLP則對來訪者的不一致很感興趣，他們認定這個不一致之處往往就是來訪者的問題所在。

比方：一個粉絲看著偶像說「我好喜歡他」，但是，在說完之後卻深深嘆了一口氣。

你覺得，他是真的喜歡這個偶像嗎？

對這當中的不一致訊息，我們也許可以問問他：「你剛剛說『我好喜歡他』，然後嘆了一口氣（這一段是客觀描述，也是一種回溯，同時也是一種同步）。我滿好奇，那時你的內在發生了什麼？」

然後，我們就可以理解他大腦的語言真正發生了什麼事。

你也許聽過「情緒按鈕」這個名詞，它的意思是指，有些動作、語言、姿勢、表情會啟動你一連串失控的反應。而這就是我們前面在T.O.T.E.模式提到的，你有一個模組、一個內在程式，在一個引發之後便能促使你大暴走。

不過，現在你已經學習到兩個啾～模式，一定可以開始懂得如何調校你的內在程式了。

理查‧班德勒也曾說：「你的大腦是一部沒有煞車的大巴士，而你就是這部大巴士的駕駛。」換句話說，你真的要好好學習如何藉由NLP來駕馭你的大腦啊！

快速除去惱人的念頭或害怕

　　每個人或多或少都會有一些惱人的念頭或莫名的害怕，這些想甩也甩不掉的念頭或莫名的害怕，除了前面提到的處理辦法外，接下來，我要再介紹一個**前景／背景法**，它是由羅伯特·迪爾茨在研究「古典制約」發明人巴夫洛夫（Pavlov 以下皆用巴夫洛夫）時發展出來的。

　　何謂的「古典制約」我就不多說，讀者可以 Google 這關鍵四字，相信會找到許許多多資料，讓你有更多的認識。

　　在這「古典制約」中有一個著名的「鈴鐺與狗」實驗，簡單說明，該實驗過程是：

A. 狗狗在適應了環境之後，巴夫洛夫便利用自動裝置，將食物送到狗的面前。這時，狗狗吃到食物時就會分泌口水出來。

B. 另一個則是，用一個與食物無關的刺激物（即鈴聲），狗狗雖然對鈴聲引起注意，但並不產生唾液分泌，但是在搭配食物出現同時讓鈴聲響之後，狗狗只是聽到鈴聲（沒有食物）也會分泌口水出來。

　　但羅伯特·迪爾茨發現，有一些是大家沒注意到的，在他們研究各式各樣的制約因子對制約對象的反應中，其中有一個實驗的現象是這樣的（以下是簡化的說明）：

　　當三種中性刺激一起響時，它們刺激了狗產生 10 滴口水。

　　哨子＋蜂鳴器＋鈴鐺＝ 10 滴口水

　　但是當個別單獨的刺激所產生的口水量卻不是 10 滴：

　　哨子＝ 0

蜂鳴器＝4

鈴鐺＝8

哨子本來是一個毫無作用的背景，因為他在個別使用時，並沒有導致口水產生。

他們利用這個無反應的哨子聲做了實驗，他們故意在餵狗的時候，給了讓牠們反胃的臭酸食物，然後再吹哨子讓牠們產生制約反應，本來哨子聲是無影響的中性元素，現在轉變成反胃的制約反應刺激源，而且帶著非常強烈的連結。

然後，當他們再次將哨子＋蜂鳴器＋鈴鐺一起啟動時，卻得不到任何一滴口水，即口水量是0。這也就讓沒反應的背景元素測試出完全相反的新刺激源的結果。

這個實驗啟發了羅伯特・迪爾茨，他注意到哨子＝0；蜂鳴器＝4；鈴鐺＝8，而哨子＋蜂鳴器＋鈴鐺＝10滴口水，這顯示即使三者一起出聲時，狗狗也只注意到蜂鳴器跟鈴鐺，在這制約發生時的中性背景裡，哨子則完全沒有任何反應。

換個角度說，如果我們找出事件背景中，存在但不會引發任何「刺激─反應」的中性元素，並將這個中性元素訓練出另一個想要介入的制約反應，但是要不同於那個惡意的噁心感，而是相反地加入強烈的安全感或正向的資源，讓它成為創造正向資源的連結刺激。那麼我們再次同時啟動時，就可以把原本的中性元素所訓練的制約反應，用以轉化原來的不良舊反應（比方上述這個例子中的哨子聲）。

羅伯特・迪爾茨認為，可以利用這個實驗的概念，去找出來訪者的負向事件裡的中性元素，例如，你對手肘的感覺或腳踩在地板的感覺

（接地），或作為事件中的中性元素（哨子）。然後，去找到一個類似的事件或事物，但必須是來訪者能感到安全或正向資源的情境，接著引發這個正向情境，對也會出現在負向情境（例如恐懼）的中性元素（手肘或腳跟地板的接觸）設心錨。再在確認心錨有效後，我們就可以引發負向情緒事件，並啟動原本就在事件中存在但在充滿正向資源的中性連結，而後它就會發生一個中和的效應。

據此概念，羅伯特・迪爾茨便發展出一個同時兼具「次感元轉移」跟「咻～模式」類似功能的「前景／背景法」。

他另外還參考了艾瑞克森的案例，那是艾瑞克森在治療一位電梯恐懼症患者的故事。故事中，艾瑞克森要患者下次坐電梯的時候，注意他的腳是怎麼接觸著地板，就在這樣幾次之後，該名患者的電梯恐懼症就不見了。

現在我們準備進入學習「前景／背景法」，在開始之前，我們要先有一個工作的空間配置，這是為了幫助來訪者區隔兩個不同的狀態，首先要有一個中立的「後設位置」，然後在右前方跟左前方一、兩步的距離設一個「挑戰區」跟反例的「資源區」。

挑選一個盡量跟「要改變的狀況」無關的事情，而這件事在兩個狀態中都是存在的，例如手肘的感覺、腳踩在地板的感覺等等。如此，才能同時感受到反例的資源狀態，之後帶入背景感受，即手肘跟腳的感覺。

不需要事先把資源帶回到挑戰狀態，我只是單純回到挑戰狀態，再次置身在挑戰狀態中，去看見、聞到、嚐到、聽到、感覺到。但是，要把注意力放在手肘的感覺跟腳踩在地板的感覺。

下面，我用一個曾經協助的案例來說明「前景／背景」的執行步驟，

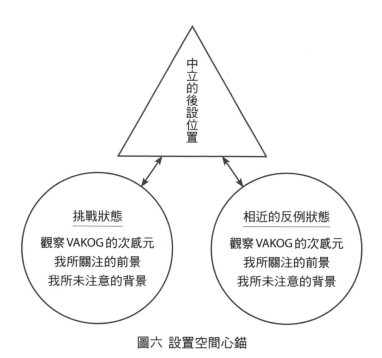

圖六 設置空間心錨

這位來訪者是一個有電梯恐懼症的朋友:

步驟一:識別一個自動限制反應。

請來訪者回想上一次電梯恐懼症發作的經驗,執行者要對來訪者做感官測量。

①——哪些感知/感覺在前景中?

已經被覺知的VAKOG(指五感經驗)。

來訪者陳述他在這個經驗中的五感經驗,執行者除了繼續做感官測量,還要注意來訪者有沒有覺察到什麼?

詢問他的五感經驗。

②──哪些感知／感覺在背景中？

什麼在背景中，而且是當時的你（來訪者）沒有注意到的？

例如：你有注意到電梯是什麼顏色材質？你有聽到什麼聲音？你有感受到你的雙腳踩在地板的感覺嗎？你有感受到你的手嗎？

（這些當時存在卻沒有在意識中的材料，就是我們要運用的背景材料。）

步驟二：回到後設位置，找到反例。

邀請他回到後設位置。

（這是讓來訪者從挑戰狀態抽離的設置。）

步驟三：識別一個強有力的反例。

我：「在你的生命經驗中，有沒有類似的場景或經驗，但是你卻不恐懼的？」

來訪者大多會回答「沒有」，但是不管有沒有答案，此時，執行師都必須給出例子來幫助他回想。例如，可以給他提示：「坐車？坐飛機？坐船？」

如果來訪者回饋這些都讓他感覺不舒服，那麼這些就不能作為反例。

面對來訪者，我是這麼問他：「我們一起想到在上廁所時。」

由於在公共空間上廁所，本來就是在一個密閉空間，像上廁所是這樣隱密的事情，沒有密閉就沒有安全。

因此，這位來訪者這時回饋說，他在廁所裡沒有感到恐懼。

步驟四：將來訪者帶入資源區，建立背景。

來訪者回饋，他在廁所沒有感到恐懼後，我便能帶著他進入資源區，並且強化它。

接著，我問了問他的感受，得到這樣的回應：「不只沒有恐懼，當我內急時，得以找到一個廁所，關起門，我會感到安全，終於，可以放心的解放自己。」

①——哪些感知／感覺

詢問來訪者在廁所中的五感經驗。

②——找到一個「共同點」，它既要是限制性經驗，又要是反例背景的知覺／感覺。（例如：腳底、牆壁的顏色等等。）

於是，我在來訪者回想時，在他看著封閉的空間正感到無比安全、安心時，我便捉著他的手肘，設下安全的心錨。

（如果需要澄清時，可以回到後設位置，問問來訪者，有沒有任何部分反對這個改變？以及，對於挑戰狀態所理解的正向意圖是什麼？）

步驟五：在反例體驗中，創建共同背景特徵和前景特徵之間的穩健關聯。

在這個案例中，就是為他設下安全心錨的「手肘」。

步驟六：回到極限體驗，專注於「共同點」特徵。

我請來訪者帶著那個安全的背景，進到挑戰區，同時捉住他的手肘來啟動背景。

最後，神奇的事情就發生了，由於我上課的地方位在二十三樓，下午休息結束回來，我詢問了來訪者的狀況。

　　他告訴我們：坐電梯對他來說，不再是問題了。

　　又一個親證，一個困擾來訪者多年且難以解決的問題，我們卻能在十五分鐘就解決了，這就是NLP的魅力所在啊！

　　以上都是NLP早期發展研發出來的技術，我在這一章介紹了一些像魔術般能快速改變技巧，接下來，我將說說有關NLP最精采的信念領域。

NLP 筆記

NLP

Chapter
4

框架人生

情緒是潛意識跟我們溝通的方法。

——唐道德——

「刺激—反應」中的前提假設

　　在學習了如何管理自己的意向與結果，以及如何使用大腦的語言跟自己溝通之後，接著，我們要來探討「刺激—反應」以及「前提假設」這件事。

　　在進入解說之前，我先和你玩幾個小遊戲：

遊戲一

　　請你對著自己說：「老鼠、老鼠、老鼠。」完成後再說：「鼠老、鼠老、鼠老。」

　　然後，我會提問：「請問貓怕什麼？」

　　你是否愣了一下？還是，很快速且清楚地說出了答案？

　　但是，無論如何都應該是老鼠怕貓，而不是貓怕老鼠。

遊戲二

　　再來，我們都知道，每個小孩都很盼望著過新年，過年時有著熱鬧的氛圍，有鞭炮聲，有應景的佈置，還有最開心且重要的事，是將收到屬於自己的壓歲錢。

　　現在，如果就讓你選一個顏色，請寫下來，你會選什麼顏色？

　　還有，過年時間我們大魚大肉吃很多，這時就會想吃點清淡的東

西，比方早上起來之後，看到隔夜飯菜在桌上，你直接拒絕，因為你就是很想去麥當勞吃早餐。

好，現在如果讓你選一個顏色，請寫下來，你會選什麼顏色？

透過這兩個遊戲，我要告訴你：「你有自由意志這件事只是幻想，『刺激－反應』才是你真實的人生。」

事實上，剛剛的你正經歷了隱蔽性的催眠，也就是催眠所說的「暗示」，在遊戲中，我先用問句來讓場景淹沒你，然後你就在具「前提假設」的背景下，「自以為有自由意志」的作出了選擇。

好比，我曾向學員這麼提問：「用兩隻腳走路的老鼠叫什麼名字？」

伙伴回答：「米老鼠。」

我：「不錯耶！你很有概念。那用兩隻腳走路的鴨子叫什麼名字？」

伙伴：「唐老鴨。」

理解我所要說明的概念嗎？

這裡我用了「米老鼠」來帶出迪士尼卡通家族裡的角色，接著提問「兩隻腳的鴨子」，理所當然出現了唐老鴨。可是你發現了嗎？在這個理所當然的答案中，我們竟忽略「所有的鴨子都是用兩隻腳走路」啊！

換句話說，我們不是只有在思考時才容易受到「腦中被喚起的背景」所影響，甚至還常常會有一個牢固的對應背景，像是過年的壓歲錢會想到紅色，麥當勞容易想到金黃色等等，要這麼說，常常我們自以為自己很一致，但事實上卻完全不是這回事，甚至有的時候還互有衝突，特別是關於「我是什麼樣的人」以及「我喜歡什麼樣的人」這件事。

下面，要分享一個影響了我一輩子的故事。

綠豆湯的故事

　　想像你剛搬進新家，可能會因為裝潢敲打、搬家工人佔據電梯等不得不的情況，造成鄰居的不方便。

　　這時，敦親睦鄰的念頭跑進了你的腦中，於是你煮了一大鍋綠豆湯，然後用小鍋子分裝成三份，在冷藏冰鎮之後，便帶著它們逐一拜訪你認為最重要的三個鄰居——樓上、樓下以及對門的鄰居。

　　你帶著綠豆湯，先去拜訪你樓上的鄰居A。

　　在敲門表明來意後，A一方面表達歡迎，一方面卻堅決不願意接收你的綠豆湯，他認為這沒什麼且「無功不受祿」。於是，經過一番激烈的拉鋸，你敗下陣，只好充滿遺憾的捧著綠豆湯回家。

　　接著，你來到對門拜訪鄰居B，在一陣寒暄之後，B親切地接過了你的綠豆湯。

　　可是到了晚上，B來敲了你的家門，因為他煮了一鍋紅豆湯來還你，而你想到冰箱裡還有兩鍋沒吃完的綠豆湯，冰箱根本沒有地方可以再放進這一鍋紅豆湯了啊！

　　但人家始終是好意，於是你請他進來家裡坐坐，不過他說家裡還有點事，不好多做打擾，便離開了。

　　進門後，你看著手上的這一鍋紅豆湯，再看向冰箱裡的那兩鍋綠豆湯：「我的冰箱……要怎麼塞下這三鍋甜湯啊！」

　　雖然其中一鍋還有一個鄰居沒送去，但你心中有些擔心送不出去。

　　於是，你再又捧著一鍋綠豆湯，去樓下拜訪C。

　　這位C鄰居十分熱情，他讚美你的好眼光懂得搬來這裡，也相當期

待大家能有一段美好的友誼。

他接過了你的綠豆湯，不久之後也來敲了你的家門，所幸他沒有送來任何甜湯，他只是來還鍋子，你請他進門來坐，他也大方應允。

只見他一進門，就大讚你家裡的擺設好雅緻，還提供你住家附近許多訊息，臨走前他不忘讚美了你的綠豆湯：「你太會煮綠豆湯了，實在好好吃，我女兒好喜歡。」他還提出心中希望，下次如果有煮的話，可以幫他煮一些。

聽見讚美，你相當開心，就立刻去拿出那兩鍋中讓你有點傷腦筋的綠豆湯，再與他分享，C鄰居收下後，好開心又好感激的離開。

聽完故事，接下來要請你想想幾個問題？

問題一：這是你的新鄰居，你最喜歡誰？

寫下來：＿＿＿＿＿＿＿＿＿＿＿＿＿＿＿＿＿＿＿＿＿＿＿＿＿

為什麼？＿＿＿＿＿＿＿＿＿＿＿＿＿＿＿＿＿＿＿＿＿＿＿＿

＿＿＿＿＿＿＿＿＿＿＿＿＿＿＿＿＿＿＿＿＿＿＿＿＿＿＿＿

問題二：你自己像誰？是A？是B？是C？

寫下來：＿＿＿＿＿＿＿＿＿＿＿＿＿＿＿＿＿＿＿＿＿＿＿＿＿

為什麼？＿＿＿＿＿＿＿＿＿＿＿＿＿＿＿＿＿＿＿＿＿＿＿＿

＿＿＿＿＿＿＿＿＿＿＿＿＿＿＿＿＿＿＿＿＿＿＿＿＿＿＿＿

之所以分享這個故事，是因為它改變了我。

當年的我正值三十歲，前途坎坷卻又自視不凡，全身充滿稜角，對故事中的鄰居，我最喜歡的是C，可是生活中的我真實樣貌卻是A，我

總覺得自己是一個堅守原則的好人。

可是，在老師講完這個故事之後，這麼問我：「**何以你最喜歡的人的樣子常常不是你自己的樣子？**」

聽到這句話時，我必須承認，我確實從來沒有以這個角度看自己，當下察覺到這個真實時，我呆住了。

然後他又說，如果你兩個答案選的都不是同一個人，同樣要再問這一句：「**為什麼你做的常常不是你喜歡的？**」

這個故事讓我看見自己的不一致，也鬆動了我不近人情的堅持，就此讓我動了「我必須改變」的決心。

理性是一種理想不是事實

人既不理智，也不一致。

事實上，佛洛伊德從催眠中也觀察到了這些，他便提出了，把人的思維分成意識跟潛意識，自此就成為縱橫天下的一門假設性學說。

我不是精神分析的信徒，只是個教NLP的NLPer，一個教催眠的催眠師，而我對學說和嚴謹的理論沒有什麼興趣，因此我想的跟分享的比較是現象和現象的運用。

以NLP的始祖理查・班德勒主張黑盒子的假設來說，我們承認並不懂大腦如何運作的，不過我們在觀察一個人一些時間之後發現，就像綠

豆湯故事裡各個鄰居角色來說，只要A發生他就會有C的反應，那麼他內在怎麼運作的，我們也許可以不必懂，可是我們便能運用這個現象，讓人在有C反應時，不是輸入B，而是讓A發生即可。

還不清楚的話，我們不妨再來看看「**巴夫洛夫實驗**」與「**巴孚實驗**」這兩個實驗故事。

記得在上一章前景／背景法所提到巴夫洛夫的狗嗎？

我想你一定已經Google了解了該實驗背景，已知道了很好，這裡我們就再複習一次。

巴夫洛夫實驗

前面章節有提到，那是巴夫洛夫用狗來研究胃液與消化的情況，進而意外發現只要要鈴聲出現，不必出現食物，狗就會流口水。自此，他放下原來的消化研究，專注完成這個後世稱為「古典制約」，也就是NLP「心錨」的工作原理。

該實驗是這麼樣的，首先選定A與B兩種刺激：

食物（A刺激）——原本就會引起個體反應（唾液分泌）。

鈴聲（B刺激）——原本並不會引起個體反應（無唾液分泌）。

然後，讓B刺激與A刺激相隨（相伴）出現，多次之後B刺激也能單獨引發A刺激所引起的反應，也就是單單只有鈴聲就能引起狗狗唾液的分泌。

簡單來說，鈴聲原本跟食物本身是無關的，自然不會引發唾液的分泌，可是當我們開始每次搖鈴就立刻給食，日久之後，這個搖鈴的聲音

就會讓狗狗想到食物了，自此不管有沒有食物，鈴聲就變成狗狗心中認可的一種「刺激－反應」，即聽見鈴聲就自然的分泌唾液。

這是來自動物的實驗，我們在日常生活中不也有相同經驗？

想一想，當你在開車或是在咖啡館裡，是否曾經不經意地聽到，你年輕時對你意義非凡的歌？當下，你是否有覺察到自己已陷入某個回憶或某種情緒中？

這同樣是「刺激－反應」的古典制約反應啊！其實呢，人也是一種動物，自然不能免除動物性的反應了。

回到正題，NLP觀察到了這種現象，進而創造了心錨的技巧，但也在心錨的技術中發現，我們時不時都受到非意識送出的訊息所影響，但卻不自知。

下面，我再舉巴孚實驗的另一個例子來說明。

巴孚實驗

「巴孚實驗」也是促發實驗（Priming experiment）的一種，最早出現的是「Stroop效應」，另一個就是約翰・巴奇（John Bargh以下皆用約翰・巴奇）的「巴孚實驗」，它是發表於一九九六年的《性格與社會心理學期刊（Journal of personality and social psychology）》上。[1]

以下，我們一起來看看這個實驗：

有位大學教授請你到研究室來一趟，只見你走過一道長廊，接著從研究室門口進來後，坐到一張桌子前面，桌上面放了一張紙，上面寫了很多字彙，而且都是五個字彙為一組，他要你從每組的五個字彙中選出

四個字詞，然後湊成合於文法的句子，同時組合的速度要越快越好。

這是「文句重組測驗」，你準備好了嗎？

現在，開始吧！

A 他、在、憂慮、她、一直

B 來自、是、佛羅里達州、柳橙、氣溫

C 球、這個、投擲、拋、安靜地

D 鞋子、給予、替換、老、這雙

E 他、觀察、偶爾、人們、觀看

F 會、將、流汗、寂寞、他們

G 空、這、一整片的、灰色、是

H 應該、現在、撤退、健忘的、我們

I 我們、賓果、唱歌、玩、來

J 陽光、使得、溫度、皺起來、葡萄乾

看起來是很單純的測驗，對不對？

---

1 約翰·巴奇（John Bargh）的促發實驗，對今天美國的社會心理學具有重要的影響力，該實驗的促發項是排字作業，讓參與者從一系列順序雜亂的單詞，排成有意義的句子，字詞內容有與年老和年輕相關的字詞。

據報告顯示，測量的行為是參與者完成排字作業之後，觀察其離開實驗室的走路速度。在該研究論文報告中，顯示出排列年老字詞的參與者，走路速度顯著比排列年輕字詞的參與者慢。這項實驗在發表之後，帶動起美國社會心理學家使用類似的促發實驗模式，積極研究概念建構促進或抑制的個人行動，其中包括曾獲諾貝爾經濟學獎的學者丹尼爾·康納曼（Daniel Kahneman），其近年最為人熟知的著作《快思慢想（Thinking，Fast and Slow）》正是引用約翰·巴奇該研究，作為其「系統一自動化」理論的佐證。

但你有發現嗎？

在這十組字彙問卷裡，其實分布著「憂慮、佛羅里達州、老、寂寞、灰色、賓果、皺起來」這些對美國老年人的狀態具有著特定意義的字眼，它甚至會引發測驗者的老邁狀態，讓受試者在離開實驗室時，比受試前原本的動作還要遲緩。

這就是約翰‧巴奇教授著名的「巴孚實驗」，此外，也許你也聽過他所做的另一個研究，就是在寒冷的天氣裡，當你幫實驗人員暫時拿著熱咖啡時，會讓人覺得，實驗人員是溫暖且善良的。

這些實驗告訴我們，雖然實驗有些受爭議，但環境本身會形成我們內在身心狀態的背景值，進而影我們的判斷、決策，這卻是無庸置疑的。如同對另一個人而言，「我」的出現與短暫的參與他的世界，當然也可能會產生促發效應。

艾瑞克森有個相當知名的催眠方法叫「握手中斷法」，這個我在第一本書《催眠和你想的不一樣》有詳細說明，這是一個非常複雜的技巧，卻是能讓我們聚焦在催眠的引發上。

那麼，「握手中斷法」是在中斷什麼呢？

我來簡單說明。

「握手」這個動作促發一個社會化的模組（即T.O.T.E.模式），來訪者幾乎是本能地、無思考的立即舉起手準備握手。當來訪者原本以為要握手時，卻出乎意料地發生了沒有握手的互動行為，這會使得以為要被握手的人感到驚訝，同時讓人一時間也不知所措，在那個發生之後，就會不自覺地跟隨著催眠師接下來的帶領了。當然，要能夠成功帶領對方，我們依然都要達到這兩個前提：一是你有足夠的**親和感**；二是你要有足

夠的**影響力**。

「握手中斷法」是我很喜歡在上課時做的演示，我從友善的互動開始，同時展開有關握手的所有非語言的過程，這會促使對方自然地回以相同的動作——跟我握手。

但就在這時，我會說：「我要做一件對不起你的事情。請問，剛剛我有說要跟你握手嗎？」

通常，來學員會很尷尬地回：「……可是，你看起來像是要握手。」

我會說：「很好！」

然後，我繼續對另一個人做一模一樣的事，同時問他：「請問我有說要跟你握手嗎？」

接著，我移動到第三個人、第四個人、第五個人的面前，你猜發生了什麼事？

是的，他們多數還是都會朝我伸出手來！

雖然，偶爾會有人抗拒一下，但是只要你堅持（一直伸著手），他就會伸出手來了，這時我會提醒他，注意內在的衝動：「你決定做一個聰明的人，但是，當你面對這樣的情境時，有像你想像中這麼容易嗎？你有關注到，你內在的衝動跟理智的衝突嗎？」

換個角度想像，當我站在你面前，並伸出友善的手等待你的回應，儘管我已事先聲明「沒有要跟你握手」，但在這片刻，你有辦法抗拒內在的衝動而不伸出手嗎？

現在，你把注意力放在你的內在，觀察那個衝動，是不是覺得，你如果不回應我的動作，你的內在會有種不安感？又是不是，有一個內在的驅力正驅使著你，而這個「驅力」似乎先於你的思考？

從中我們也了解一件事，原來人們從來都不是那麼理性的，說人們要能「謀定而後動」其實也不是那麼容易的，一切都還是要經過學習。而就在學習「催眠式溝通」的過程之後，我們都將理解到：

　　①——原來，我們都是先反應再思考。

　　②——這些反應都是被教育而成。

　　③——我們的反應都是由「刺激－反應」模組一塊塊所組成。

　　好比說，跟親密的伴侶有了爭執時，你知道有一句梗在喉嚨不說不快的話，說出口後，肯定會引發一場劇烈的爭吵，是的，你知道會發生這個情況，但你還是忍不了，衝動的說了，又一次，你們陷入了嚴重的爭吵。

　　其他，比方恐懼症、焦慮症等等這類一連串像自動駕駛般的反應，這些就像一匹脫韁的馬，總是失控於我們無意識與意識輪流的自動化駕駛之中。

　　簡單說，我們真的不像我們那樣以為的擁有自主意識，因此請你要認真的讀完這本書啊！

找出資源，讓它成為你的靠山

　　再來，我將提供一個簡單的「多重迷走神經理論」的小實驗。

　　這是史蒂芬・波吉斯發明的「多重迷走神經」（Polyvagal Theory，以

下皆用多重迷走神經），他為此還創造了一個新的詞彙——神經感知。

在繼續討論之前，我要邀請你做個小實驗：

請你覺知一下，你現在正在看書的狀態，同時，紀錄（感覺）一下你的呼吸、心跳，特別是你的姿勢與肌肉的張力分布。

然後，我要邀請你回憶某個關於災難或戰爭新聞的畫面，那些砲火、破碎的房子、受傷的人民、逃命的難民……

好，現在，請感覺並紀錄一下你的呼吸、心跳，特別是你的姿勢與肌肉的張力分布。

你是否有發現，身體的生理背景改變了，對嗎？

是的，史蒂芬·波吉斯醫師研究發現，人們可以不需要思考，單單只是看到照片或處於那樣的環境中，我們就會自然地啟動身體的能量調動了。

因此，史蒂芬·波吉斯醫師的學生戴比·達納（Deb Dana，以下皆用戴比·達納）就在其多重迷走神經理論的工作坊中，邀請學員在日常生活中尋找出線索——關於哪些情境（線索）會使他們感到威脅，又哪些情境（線索）是讓他們感到安心的。

例如，上班族一天當中，有哪些情境可能會讓他感覺威脅？

時鐘（因為怕遲到）、塞車、馬路上的車距十分逼近、無人又很暗的地下停車場……

而哪些又是能讓他們安心的資源呢？

可能是家人的相片、小盆栽、開闊無人的高速公路、見到一些熟悉的事物……

透過這些探索，戴比·達納給出了提醒，我們可以多找到一些能為

自己帶來安心的事物，以幫助我們調節自己的多重迷走神經，能經常處於「好的狀態」。

至於，如何能更好的穩定自己的狀態，以減少被環境引發「刺激－反應」？

我在上一本書《催眠和你想的不一樣》有提供COACH中正狀態的自我催眠方法，讀者可以找來試試。

簡單來說，就是你要「**找到資源**」，同時「**讓它成為你的靠山**」。

其實「威脅」跟「創傷」就像是一個紅色漩渦，一旦太靠近了，就會立刻被捲入的漩渦當中。

因此，為了穩定心神好處理過去受傷的經驗，我們需要一個資源，來幫助我們在靠近紅色漩渦時不會被吸入。而且這個資源會提供我們定錨的作用，甚至可以藉由這個資源力量創造一個擺盪，進而來重新平衡我們的內在狀態——這個資源力量，我們則稱之為藍色漩渦。

接下來，我要介紹一個創造資源的活動，幫助大家不只找到需要的資源，還能運用這個資源力量來改善生活。

「創造資源」的活動步驟

步驟一：一開始，我要用一個故事喚醒（每個人）「愛的連結」。

好像我小的時候，總是很羨慕我的哥哥、姐姐，他們都有乾爹、乾媽帶他們出去玩，送他們玩具，而我沒有。

直到國三，我認識了一位同學，我們經常在他家玩，他的媽媽會借我許多書，也常常跟我說話，教我新的知識。

自此，我覺得我被看見了。

（人生一直是這樣的，我們需要被看見、被祝福，好像史蒂芬‧吉利根就常用這樣的方式喚醒來訪者的愛的連結：「你小時候（大約四、五歲）最喜歡吃什麼？誰會幫你準備這些食物？」）

就像上述這樣的「愛的連結」，我希望你們帶著這個「愛的連結」，跟著我進入一段冥想。

步驟二：一段跟愛有關的冥想。

閉上眼睛，每次吐氣的時候，就告訴自己「更放鬆」……（做三次）

然後，回到自己的內在。

注意在呼吸的時候，你肚子的起伏……

想到那個你生命中的重要他人，

他看見你，給你祝福，

看見他，看見他正在看你，

你可以看見他眼中的熱情，

你可以看見他眼睛裡的你自己……

帶著這種被看見的心情，

再想一下，還有誰給了你這樣的祝福與看見？

你的家人、朋友、同事……

說不定你也會看見你的寵物，

牠們看見你，支持你，

還有，也許在大自然中，或是某種情境中，正被包覆涵容的你。

感受到這個被看見、祝福、涵容、被支持的你。

感覺自己有些感動，

身體的內在也開始有些暖流在流動……

好，現在，請你帶著這樣的感動，張開眼，回到這裡……

接下來，請留十分鐘讓你來進行書寫，寫下你生命中的資源。

步驟三：一段書寫時間，請計時「十分鐘」。

找出你的紙筆，寫下你的資源，可能是剛剛冥想時感受、看見的。

「人、事、時、地、物」越詳細越好，不管是過去的，還是現在的，是真實的，還是虛構的，即使是你曾閱讀過的小說或電影中的角色、場景也都可以。

十分鐘的時間，盡量寫，寫得越多越好。

因為這張資源表單會是你非常重要的寶藏，你可以抄寫多份，放在隨手可得的地方，如此一來，你就隨時都能重溫你的資源狀態。

完成之後，我要你選一個——你覺得最喜歡的資源，然後進行下面的「連結資源」的重要練習。

步驟四：「連結資源成為靠山」的練習。

①——找到一個豐富的資源狀態，舉起你的雙手，想像你的手上就捧著這個豐富的資源，感覺到自己的身心狀態跟這個資源連結了。

「在感受到資源連結」時，它是如何改變了你的身心狀態？你的呼吸、心跳、身體的內在流動又有些什麼變化？

如果這個資源狀態有一個名字，你會如何描述它？

②——現在，往前跨一步，去體驗到這個__（命名的資源狀態）__，

它帶給你的情緒與感受，是什麼？（注意，將你直覺到的語詞說出來，同時，覺察這些語詞都要跟情緒有關。）

想像你已經完完全全體驗到這個情緒與感受，而且被 ＿（命名的資源狀態）＿ 整個籠罩著。

③——再往前跨一步，當你被 ＿（命名的資源狀態）＿ 完完全全籠罩時，體驗那個情緒在你身上的感受，覺察身上有些什麼流動跟變化？

讓流動在身上的感受，充滿你的雙手，然後把這個充滿 ＿（命名的資源狀態）＿ 的雙手，放到後腰兩側腎臟的位置，讓它靠著你的腰，成為你的依靠，像靠山一樣支持你。

④——感受雙手帶來的支持力量，從後腰慢慢地擴展到你的全身。

⑤——完成，慢慢回到現在。

以上練習，我參考了黛安·普勒·海勒（Diane Poole Heller）與黃翎展老師的工作坊材料。

現在開始，即使你在社會的壓迫與刺激下，也有能力為自己創造一個綠洲了。

讓自己常處在有資源的身心背景中

我之所以要在這一章最後，再教一個身體療癒的資源技巧，是因為

「讓資源成為生活的背景值」是相當重要的一件事。

回想前面提到的，如果我表現的好像要跟你握手，你都不自覺的會被啟動「刺激—反應」的T.O.T.E.模式；只是看著電視螢幕上的一場車禍或戰爭的畫面，你就立刻進入身心緊繃，而自己卻毫無覺察；或是，你的伴侶跟你說「我們付不起」幾個字，你生命早期創傷就此被喚起了。以上種種情況說明了，比起生活在輕鬆自在的時間，我們活在負向情緒的時間實在太多了。

也因此，現代人容易感到焦慮、沮喪和易怒也是很自然的現象了。

當然，如果你沒有這些情況，那你真的是要好好感謝家人跟你的朋友們，我相信他們一定給了你很多無形的支持。

腦神經科學裡有一個很重要的定理叫做「海伯定律」（Hebb's law，以下皆用海伯定律），指的是「常常一起啟動的神經元會一起啟動」，當中有個知名的恆河猴的實驗可以充分顯示此定律，相關故事在我的第一本催眠作品中有提到，這裡就不再多說。

我想從這個定律來說明，如果在生活當中，你不能常常想起你所擁有的資源跟愛，而是一直停留在焦慮、害怕之中，那麼你給自己不斷營造的「海伯定律」的影響，會是什麼？

可能是不斷一起被啟動的焦慮跟害怕啊！

所以，我們很需要與資源連結的練習，能自己練習經常在連結資源的狀態，久而久之資源自然會成為我們背後堅固的靠山。

中正狀態 CAOCH 再練習

身心狀態的練習是第三代 NLP 的基礎，在《催眠和你想的不一樣》一書中，我已有說明。不過，對我來說，這是一個相當重要的基礎練習，因此在這個章節的最後，我要再一次邀請你，一起學習這個重要的身心狀態。

「中正狀態」練習

步驟一

以舒服的姿勢或坐或站在地板上、兩腳平放，將你的注意力放在自己的腳，讓自己接地。然後，想像你就像一棵樹，從海底輪開始往上長，自然的往上長，就像一棵樹一樣，完全不費力的挺立著，想像你的丹田、心輪跟你的第三眼成為一條直線。放鬆，讓肚子柔軟下來，隨著你的呼吸，自然的起伏。

步驟二

把注意力放在你的雙腳，不只是腳底，同時感受跟使用你的內在視覺去創造一個視覺與感官經驗連結的共感聯覺。看到並感覺到你的腳掌、骨頭跟肌肉，這是一個三維空間的存在，然後到小腿、膝蓋、大腿、髖關節跟骨盆。

意識你的腹部中心，連結上你的丹田的身體能量中心，做個深呼吸，完整體驗丹田能量的流動，彷彿你從地球連結上能量。然後，對自

己說：「我存在」、「我在這裡」。

步驟三

繼續帶著視覺與感官知覺的聯覺（Synesthesia另一稱共感）沿著脊椎、肋骨、到胸部，做個深呼吸擴展你的胸腔。將意識帶到你的心輪，感受呼吸時胸腔擴張的能量，對自己做出這個宣告：「我是開放的。」

步驟四

繼續帶著視覺與感官知覺的聯覺，沿著上升到你的肩膀、上手臂、手肘。下手臂、手腕、手以及手指往上到你脖子、喉嚨、你的臉部、你的頭骨和大腦。將你的注意力帶到第三眼的位置。

呼吸的時候，把能量帶進第三眼的位置，好像點燃你潛藏的能量，並做出宣告：「我是警醒的。」

步驟五

再一次，接地感受從天地間吸收能量，帶著視覺跟感覺的聯覺，再一次開啟三個中心的能量連結。

開始覺察到你上方的所有空間，到整個天空；所有下方的空間，到地球的中心，所有左邊的空間，所有右邊的空間；所有後面的空間跟前面的空間。好像可以打開一個球體，在你身體之外創造一個能量空間，跟你的身體向上進入天空、向下進入地球，前後左右都要有一個手臂的距離。

維持跟丹田、心輪、第三眼的連結，維持這個能量空間的保護，試

連結與外在的事物，並維持更高、更好的品質。然後做出這個宣告：「我是連結的。」

步驟六

快速的使用聯覺再一次感受到自己就在這樣的能量空間內，接地穩穩的站著。

再次重複整個從接地到連結三個中心，到打開空間連結萬事萬物。

然後再一次做出宣告：「我存在，我在這裡。」、「我是開放的。」、「我是警醒的」、「我是連結的。」

練習中正狀態，除了可以讓你身心合一外，也可以讓你保持更多平靜和清晰的經驗。讓你在面臨像恐懼、生氣、悲傷等等干擾能量時，可以掌握所有的資源、力量與智慧。下面，我再補充身軀姿勢的中正狀態練習。

運用「中正狀態的身軀姿勢」練習

保持中正有兩個途徑，一是站穩，二是流動。「**站穩**」了，我們能將自己的中心紮根在一個點上，使自己穩固，讓人能無論遇上什麼樣的衝擊力量，都能夠「站穩腳跟」。「**流動起來**」了，無論遇上什麼樣的力量，我們都可以隨之而動。

能如此保持中正，我們就可以避開正面對抗的力量，代之以圍繞它轉動，最後能輕輕地跳到它背後或閃到它旁邊告終，這些都可以根據我們所處的不同情況去恰當地運用。下面是這個練習的概要：

首先，在空間中安置以下三個位置。

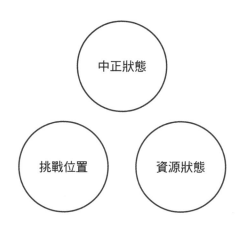

步驟一：進入中正狀態，再一次複習之前中正狀態的練習。完成後再退出。

步驟二：進入挑戰位置，找到一個卡住的經驗，再次體驗你的崩潰狀態。請維持著更多的知覺跟感受，在你進入崩潰狀態時，你的身體性感受是什麼樣子，必要時維持一點解離。

步驟三：然後，退出，再次進入中正狀態。

步驟四：找到一個類似經驗，但這一次你沒有卡住。想到後，進入資源狀態位置，體會你內在的身體狀態，並辨識這個經驗中跟崩潰狀態最大的不同點是什麼？是什麼差異造成了不同？感受到這些身體經驗並

試著擴大它。

步驟五：當你準備好了，請你的搭檔開始從不同的角度（從肩部、腰部、前面、後面、一側到另一側……），往不同的方向輕輕推你或拉你。同時，你要保持中正狀態，接地，維持平衡以及協調，包括身體上和頭腦上。試著不要對抗並請迎上來自你搭檔的壓力，然後是引導它向下進入地板。穿過你的中心，穿過你的雙腳，進入地底。保持放鬆，膝蓋維持靈活，維持中正狀態。

步驟六：當你感覺到更舒服並且相信自己能夠保持這種狀態時，你可以請你的搭檔更用力的推你或拉你，以增加這個練習的難度。當你覺察這個力道超過你的極限時，請你練習如何卸載能量。

在空間中，順著它進入的能量，繼續維持中正狀態，以一隻腳為中心轉動身體卸載能量，並快速進入中正狀態，看起來，會是好像你的夥伴在繞著你轉圈。

步驟七：當你練習好了，維持這樣的中正狀態，將它帶入挑戰狀態中，看看這會發生什麼不同。

這是一個很有趣的練習，也是 NLP 帶入身軀能量處理困擾的典範。這整個練習就是在訓練你的身心連結，讓這個身心連結成為一種資源狀態，然後將身心連結的資源帶入挑戰狀態，原來的「刺激—反應」就會有所改變。

來到這裡，我們將身心連結帶入 NLP，就是第三代 NLP 的開始。

語言、框架與次感元
的運用

透過框架、語言與次感元的運用，
讓隱藏在潛意識層面的前提假設浮出來。

——唐道德——

用語言改變你的內在框架

在各種心理自助的書籍中，有兩類涇渭分明的區塊，一種是強調「意志力決定一切」；另一種則是要「拋棄意志」，好好照顧身心，這兩種取向各自有擁護者，當然，這兩個說法都是對的。

只是前者強調「認知」，提出「要改變認知才能拯救自己」的論述；後者強調「神經迴路會劫持你的大腦」，所以「這一切都不是你的錯」，這麼說可能有點抽象不清楚，因此我先來說明後者，關於「拋棄意志」這件事，它不只是心理療癒市場的大宗，還有著腦神經科學的佐證。

就多重迷走神經理論的「神經感知」為例，外在的威脅啟動你的邊緣系統，接著邊緣系統便劫持了你的大腦，使你無法做出平常的決策，也就是讓人喪失了做一個理想的自己的能力。

只是，「邊緣系統」和「神經感知」這類系統反應來自「刺激－反應」，我們也說這是非經思考的了，那麼它又是根據什麼辨讀刺激的呢？

答案是過去的經驗，它讓意識設置了各種情境所代表的意義，而這些意義則被潛意識預設成種種模組，當刺激一進來，很自然地就啟發對應的模組。

所以，我們都是先用認知。簡單來說，就是在潛移默化過程中形成了種種對應模組，而潛意識就依照著這些前提假設與框架做出種種反應，之後才發生——情緒劫持大腦的事件。

換句話說，就是如果認知改變大腦原先預設的框架時，改觀就會接著發生，而潛意識預設的模組（刺激－反應）就會跟著改變。

這裡我舉個例子：

假設你跟我約好去聽NLP大師羅伯特‧迪爾茨的演講，這當然是千載難逢的機會，你和我提早了兩個小時到會場，由於還有另外兩位熟悉的好友也約好要一起來參加這場演講，於是早到的我們就佔了四個位置。

這時，你接到一通重要的電話，便離開會議廳去講電話。

但在回來時，你卻發現，你的位置被朋友帶來的朋友坐了。這時你非常生氣，但為了不傷情感，只好忍住情緒，趕快找位置坐定，免得要坐到更後面。於此同時，電話響了幾次，你看見號碼是我的，但你還在氣頭上，決定不接我的電話。

演講結束後，你無法忍住情緒的來質疑我，為什麼把你的位置給了別人。

我說：「我們朋友的表姐罹患了癌症，朋友跟她說羅伯特‧迪爾茨曾經用語言改變了他母親的信念，使得本來被診斷只剩六個月生命的母親奇蹟痊癒了，而且活了十幾年之後，他母親也不是死於癌症。因此，他的表姐很突然的決定要跟他一起來，而且他表姐怕聽不懂，所以希望能跟他坐在一起。而我一直在等你回來，想把我的位置讓給你，自己坐到後面去，可是一直沒等到你啊！我打了幾次電話，你都沒接，我也不知道要怎麼辦？」

故事到這裡，如果是你，聽完之後還生氣嗎？

還不清楚的話，我再舉另一個例子：

在沙灘上，我們正準備走過異性的面前，這時我們會很自動地抬頭

挺胸，這意味著我們的身體反應，確實早在我們意識到來之前就發生了。

又或者，也可以把場景搬到都市街道上。

你走在路上，前方突然看見一位讓人怦然心動的異性走向你，這時你心跳變快了，沒想到他還直接走到你的面前向你問路，他離開之後，你好像耳邊還響著他好聽的聲音，甚至隱隱仍感覺聞得到他身上的味道。

接著，你跟相約的朋友分享這個豔遇，他問了你，他外表是不是有些什麼特徵？

你正在驚訝他怎麼知道的，又怎麼認識他的時候，他潑了你一桶冷水：「這個人關係有點複雜，而且聽說他跟所有前任都有金錢糾紛。」

一個星期之後，你在路上又遇見他了，這時，你還會怦然心動嗎？

想來，以上答案都很清楚的，不是嗎？

那麼，是什麼讓你改變了呢？

答案是「認知改變了預期的框架與前提假設」，自此被喚起的情緒也就跟著改變了。

換言之，情緒的確會劫持大腦的理性，不過「理性的認知」也可以「預先架好前提假設的框架」，以決定什麼是好的、什麼是不好的。之後，事件發生時，情緒就能「依照認知預先架好的前提假設框架」做出回應了，在NLP稱這個為「換框法」（Reframming），在我們熟悉的佛教則稱為「轉念」。

所以，認知不是不能改變情緒，只是要在「情緒產生之前」預先完成工作。

而正確的「心理改變技術的模型」通常是：

認知形塑前提假設 → 潛意識辨識外在刺激產生情緒 → 大腦依據

情緒做出必要的能量調度 → 依據情緒做出反應

以豔遇的例子來說，它最初的心理歷程是：

我遇到心中的美男／美女典範 → 我感到心動 → 我的心跳加速，難以按捺身體的反應 → 我有一種討好他的衝動

但是，在聽完這個人的私生活故事之後，你原本那一連串的反應就不會再啟動了，因為一開始在心中出現的「我遇到心中的美男／美女的典範」內言已經消失不見。而這個模式其實也像我們之前談到的T.O.T.E. 模式，我們在「引發」的起點做了阻斷，因此後續的連鎖反應就不會再被啟動了。

換句話說，要隨時關注你自己的生理狀態，關注自己的內言，我們就不會誤會自己的身體訊息，然後我們也就能在重要時刻有更好的身心狀態。

此外，要注意你通常是對自己怎麼說的？記得，「我可以」顯然比「我完了」要來的積極有效的多。

如何處理恐懼／焦慮

羅伯特・迪爾茨在《語言的魔力》這本書中，解釋了關於「心理框架」是怎麼在我們的內在工作的：「心理『框架』指的是，那些在互動中，為思想和行為提供全面指導的關注點和方向。這在意義上，框架則

與特定的事件或體驗中所認知的情境（context）有關。『框架』就像它字面的涵義那樣，建立著環繞其互動關係的邊界和約束。由於『框架』會『標記』體驗，會指引注意，因此，它會強烈影響我們對其具體的體驗與事件之解釋、回應方式。

例如，一個痛苦的記憶可能由於很逼近而產生強烈的體驗，因為它處在事情剛發生後五分鐘內的短時框架中，當以一生來做背景看待時，這樣的痛苦體驗可能就會顯得微不足道。因此，框架會讓互動更有效率，它們會決定哪些資訊和議題在互動目標的範圍內，哪些不在該範圍之內。」

讓我們再複習一點次感元，以上述例子來說明：「一個痛苦的記憶可能由於很逼近而產生強烈的體驗，因為它處在事情剛發生後五分鐘內的短時框架中。」

想一想，當兩種情緒交互作用時，那是如何讓我們失控的？

一個痛苦的記憶會在腦中「不斷重播」，不管這個事件是失戀、失業、被霸凌、侵犯、驚嚇、害怕⋯⋯，換句話說，「不斷重播」的這項功能跟事件本身無關，而是和更大的生存範疇的前提假設有關，它意味著：「我沒有能力應對這個事件，這將影響我的生存，不管如何，我一定得想到辦法。」

回到許多人常見的焦慮跟恐懼這兩種情緒，一開始是「害怕／恐懼」失去，這通常是來自過去的真實事件，但是基於生存的本能，潛意識會不斷送出訊息並且一再重播，以要求我們要能擬定對策，換言之，事件會不斷地在想像中並接續未來，時不時讓人自動地想像「未來如果發生這件事」，最終，這個情況就演變成為常見的焦慮了。

在NLP，我們定義「恐懼／害怕」是關於過去的具體事件，「焦慮」則是關於未來的想像。試著想像這個無限的迴圈，我們有一個強烈的負向情緒來自過去，每當我們想到它，我們的神經跟肌肉就都會陷入緊繃，甚至凍結的狀態，而我們也真的很害怕這種無能為力的感覺。

然而，生存的本能並不容許我們沒有對策，因為這在原始環境中代表著「死定了」的結果。所以，潛意識會不斷地送出訊息，要求我們想出對策，就這樣，它們一天到晚不斷地在腦中轉啊轉的，甚至還演變到不斷地連接到未來的想像。

於是，恐懼接續到焦慮，對大腦來說，想像事件的發生等於它就是已經發生了，只見焦慮再一次加強了恐懼，自此「恐懼 ⟷ 焦慮」就成了無限的迴圈。

類似這樣的事件所帶來的生理性影響，已經超過了之前討論的「多重迷走神經理論」的神經感知負荷，這時神經系統要不就是進入暴走的狀態，要不就是進入了凍結的狀態，一般我們都是用「卡住了」來簡單表達這個無限迴圈情況。

從研究角度來看，這是一個滿有趣的現象，史蒂芬・吉利根還為這種狀態給了一個命名，他稱這個狀態叫做「神經肌肉鎖死」，又稱為崩潰狀態（CRASH）。

淺談「大清倉技術」

在說明技術之前，你可以先找找傑弗瑞・薩德博士（Jeffrey K. Zeig PhD，以下皆用薩德博士）的所製作的一個「五分鐘治療祕笈」影片[1]，

在影片中，他提到有關焦慮這件事，他說：「如果你跟自己說三十次的『萬一……萬一……萬一……』，然後你就陷入焦慮了。」

那麼，當「恐懼 ⟷ 焦慮」成了無限迴圈時，恐懼與焦慮的交互作用下，我們的大腦——這部「沒有煞車裝置的大巴士」——恐怕要真的完全失控了。

但別擔心，NLP 就是有辦法解除你的煩惱，大家熟知的 NLP 大家「理查‧班德勒」深知這種腦袋空轉的可怕，因此，他研究了一套能讓腦袋大清倉的方法用來應對焦慮。

「大清倉模式」步驟

步驟一

給自己一段不被打擾的時間，最好是一整個上午（或下午）。

準備幾張白紙和一枝筆，開始想想你焦慮的事，並且把它們逐一編號，寫下來。

只要單純的記下來就好，先不要想任何解決的方案，純粹只是把它寫下來。

然後，**繼續搜尋讓你焦慮的事**，一直寫到你腦中再也想不到任何有關焦慮的事為止。

---

1 「五分鐘治療祕笈」
　薩德博士錄製的「五分鐘治療祕笈」影片，本連結網址為蔡東杰醫師所翻譯分享。網址連結：https://youtu.be/-q3JP6RF1s8

步驟二

停筆後，請感覺一下。

是不是把焦慮全部都紀錄下來的感覺了？

這時，應該有一種清新的感受吧？

也許你會好奇，怎麼會有清新的感覺呢？

我簡單以日常生活中常見的焦慮例子來說明，相信你很快就會懂得這個清新的感受怎麼來的。

在社會壓力下，你思考過減肥或是學好英文這類事情嗎？

好，不管是找到減肥藥方，或是成為健身房會員，還是去找英文補習班的課程或英文學習教材，通常，我們在付錢或刷卡的當下，焦慮就得到解決了，是不是呢？

因為我們採取了行動，所以焦慮當下也就不見了。

換句話說，當你把焦慮寫下來時有著同等的效果，這時，我們暫停了恐懼跟焦慮的無限迴圈，你的神經肌肉鎖死也得到了釋放，然後你就可以開始把念頭放到**認知層面**來進行處理了。

步驟三

對你所寫下的焦慮，開始分類。

好像有些焦慮是你關心的，但是卻又無法施力的，例如，烏克蘭戰爭或是國家政治爭鬥之類的事，這些要請你先把它剔除，它確實是你所關心的事，但卻是我們沒有影響力的範疇。

其實「我關心，但是沒能有影響力的範疇」，在東西方社會是全然不同的，以家庭來說，我們的家庭關係跟傳統的孝道觀念就大大不同於西

方社會。

因此，我也要請你檢視這些關於家庭家族的焦慮，有哪些是我現在缺乏影響力的，或許有那個可能，比方日後因為人事變遷，我們可能有辦法發揮影響，但對現在的我來說，的確是沒有影響力的焦慮事件，那麼也請把它標示出來。

當你把這些「你關心，但是沒有影響力的事」暫時擱置之後，剩下來的，就是「你關心，同時有影響力的事」了。

分類完成後，請依據它們對你的重要性與急迫性，進行排序。

步驟四

逐一檢視剩下來的焦慮事情。

請你用第一章的「設定結果」跟第二章「基本改變模式」的三個問句來問問自己：

①──**設定結果**：你要什麼？你希望有什麼改變？

②──**敏感度**：你正在得到什麼？

③──**彈性與影響力**：你還可以做些什麼，好幫助你自己得到你想要的？

用以上這三個問句來檢視你焦慮的事情，並且寫下你的解決方案。這就是理查‧班德勒讓大腦大清倉的方法，是不是沒有想像中的難？

很好，那麼你隨時都可以給自己一點時間，清倉整理一下。

你可以停止
恐懼／焦慮的迴路

如果，想要幫助的對象很難停止「幻想未來發生的悲慘遭遇」，這也是 NLP 定義的焦慮，你可以使用第三章的「啾～模式」來處理這類焦慮。

面對要幫助的對象，如果是有一個痛苦的過去事件，那麼接下來我要說明的「倒帶法」，正可以幫助他打亂神經連結的程序。這「倒帶法」會使他在做完練習之後，因著神經連結的打亂，無法清晰地想到原來的恐懼。

「倒帶法」步驟

步驟一：首先，執行師要向個案說明 NLP 對恐懼症的看法。

有關「恐懼」這件事，我們相信這是一次讓大腦快速有效的學習結果，既然大腦可以一次學會這個恐懼，當然也可以學習用另外一個快速有效的方法，去覆蓋掉原有的學習（指恐懼）。

在開始之前，請務必進行上述說明，因為透過這個事實的說明，我們可以為整個「干預療程」，建構一個前提假設，而這也是一個很重要的暗示。

步驟二：為求審慎，你可以先給予協助，幫助來訪者預設一個支持性資源。

你可以選擇「讓資源成為靠山」的方法來預先設置其資源，好讓來訪者在回想恐懼害怕的事件時，能夠先抽離，然後就可以請他自行啟動資源。

此外，執行師的你也可以在徵得來訪者的同意之後，將手輕放在他的後腰，以幫助他找出資源：「請你想到，你是有資源的，有愛的支持的。現在的你在我旁邊，你是安全的，你只是在回想過去的事件，而它已經過去了。現在，我們只是在處理你大腦中幽魂記憶。事實是，事情已經過去了，可是它卻一直在你的腦海中沒有過去。我不知道，你願意幫助我，讓我來幫助你處理掉這些腦中的幽魂嗎？」

步驟三：邀請來訪者用抽離的方式回想事件，並建立倒帶法的母帶。

①——請來訪者想像前方有個螢幕，上面正在播映一部黑白紀錄片，是有關於來訪者的一個過去事件，即恐懼害怕的記憶畫面。

②——此時，執行師要注意觀察來訪者，做好感官測量，當來訪者在回想的時候，如果出現過度的緊繃，請提醒來訪者：「你是安全的。」接著，執行者可以協助他，透過將畫面推遠的方式，或是帶領著他往後退個幾步，以增強其抽離的狀態。

如果這樣做了之後，來訪者還是覺得不夠，就用已找出且設定好的資源，也就是讓此資源成為他的靠山，以增加他的安穩感。

③——確定來訪者已找到他所恐懼害怕的早期事件。

當來訪者以黑白畫面完成整個事件的回憶之後，我們才能開始設置

「倒帶法」中所要使用的影片。

④——找出在「倒帶法」開始與結束時的安全點。

所謂「開始、結束時的安全點」指的是，找到事件發生之前以及事件發生之後，來訪者覺得安全的那個點（或者也可以這麼說，即該黑白畫面開始與結束時，來訪者感覺安全的那個畫面位置）。

簡單來說，執行師要引導來訪者回想，一切本來就是日常生活的某一天，也就是說，在事件還未發生的前一刻，他是安全的。因此，要請他決定在哪一個畫面時的回憶是安全的？

同樣的，事件是有結束的時候，那麼，哪一個畫面的回憶讓他覺得事件結束了，而且是讓他感覺到安全的時候？

接下來，執行師可以將「**回憶的事件開始前、回憶事件的結束點**」，剪接在這部準備放映的事件之回憶紀錄片裡，作為即將進行的倒帶法的完整影片——從開始時安全的日常生活畫面，到結束的時候，來訪者仍然活著的安全畫面。也就是說整個過程，直到事情結束，他都是安全的。

還有，執行時有兩件事要注意：

一是，務必確定這個「倒帶法」的母帶，其開始和結束都是安全的，這一點十分重要，因為這也是給來訪者的前提假設與暗示。

二是，以黑白呈現的母帶影片在完成之後，只能倒帶放映，絕不能再從頭開始放映，要記住這個重要原則。

步驟四：開始「倒帶」。

要再次提醒，接下來的電影畫面只能從最後的畫面倒帶回去，不能再從頭開始那樣正常的播放！

①──請確認來訪者現在的畫面，得是停在事情已經結束的安全定格畫面。

②──現在，請他將黑白的畫面恢復成彩色畫面，然後進入那個場景，並且用第一人稱的角度去將經驗倒帶。

這時，執行師可以這麼說：

倒帶的時候會發生很有趣的事情，好像所有的東西都在向後走，或許……掉下來的東西會飄上來，或許……破掉的玻璃杯會復原，而你在裡面會經驗到，好像有一股強大的吸力帶著你往後退……

所有的事情都會倒退回原來的樣子，你也會從事情都結束的安全點，快速的退回到事情還沒有發生時的安全點。

一切都很安全，很安全。

我們正在處理的是你腦中的幽魂，其實一切都結束了，但是，你的身體跟神經系統卻還記著它。

那麼，你跟你的潛意識願不願意幫助我……來幫助你釋放掉這個事件嗎？

③──提醒他，不要試圖用意識看清楚任何一個畫面，因為這會造成畫面定格，也會使得倒帶法失效，告訴他：「把它交給潛意識處理，潛意識可以做得很好。」

④──當來訪者準備好之後，就可以繼續進行下去：

你準備好了？

我需要你用至少四倍速以上的速度，快速的倒帶，1、2、3、咻……回到什麼事都還沒有發生的時候，在那個你覺得安全的時候，到了，請定格！然後張開你的眼睛。

這時，執行師要注意來訪者的身體變化，看看他有沒有突然向後傾倒的感覺，就好像他整個人被某個吸力往後吸（拉）的動作，因為這是倒帶成功與否的重要參考指標。

　　⑤——有了一次倒帶經驗後，接下來請來訪者自己重複這快速倒帶，越多次越好，至少可以五次以上，直到來訪者可以把整個倒帶過程，在一秒到兩秒之間就可以完成。

　　過程中，執行師可以這麼提醒他：「慢慢增加速度，越來越快。每一次都要從事情結束的畫面開始，再倒帶回到事情開始的安全點，完成時，記得馬上定格，張開眼睛！」

　　步驟五：中斷。

　　步驟六：面臨未來。

　　在完成倒帶方法之後，我們可以請他想到未來的某一天，如果再遇到相似的恐懼場景時，現在的他有些什麼感受？

　　如果沒有感覺了，那很好。

　　如果好像還是有一點怕怕的，那麼我們可以請來訪者再多做幾次倒帶，之後，再請他來做「面臨未來」的測試，看看倒帶法的成效如何。

　　下面，我將這一章節所探討的部分，用NLP的基本改變模型再解構一次。

NLP基本改變模式（找出正向意圖）	
現狀	我不想要想到恐懼害怕，但是它卻一直來。
干擾	當我要移動到理想狀態時，我的干擾上來了，它不斷閃現我的恐懼害怕。
理想狀態	我希望在未來可以擺脫恐懼害怕，活出自己。
資源	為找出資源，要不斷地問自己：「我還可以做些什麼，好幫助我自己得到我想要的（理想狀態）。」 （用各種NLP技術來協助來訪者找出資源，以幫助他能繼續前進，像是：抽離技術、讓資源成為靠山、倒帶法……等等。）

再次回到羅伯特・迪爾茨「框架」的引言：「由於框架會『標記』體驗，指引注意，進而極大地影響我們對具體的體驗，與事件的解釋和回應方式。」

當來訪者把事件「標記」為一個恐懼害怕的生存議題後，潛意識就會不斷地送出這段回憶，同時要求我們必須做出反應對策，也因為潛意識的這個行為，不斷地使得我們的神經肌肉鎖死，進而限縮了我們的生活空間。雖然這看起來讓人感覺沉重有壓力，但事實上，卻是潛意識的「正向意圖」──為幫助我們找出對策，活得更好。

這也就是為什麼，我們要詢問症狀的正向意圖。記住「行為不等於意圖」──我們的部分反應都是為了一個人的整體來服務的，簡單來說，我們每一個行為動作並不能獨活，它總是懷抱著為「更大的我」做出貢獻的心，所以NLP有一句耳熟能詳的基本假設：「每個行為的背後都有一個正向的意圖。」

是的，每個行為背後都有一個正向意圖，正等著你去發現啊！

用正向意圖賦予新的定義

在學會了使用「次感元技術」處理恐懼／害怕的神經層次的干擾之後，我們就能回到「認知層面」，開始用「語言」來與「框架」工作了。

羅伯特・迪爾茨說：「『框架』會讓互動更有效率，因為它們會決定——哪些資訊和議題在互動目標的範圍內，哪些不在其中。」

這段話清楚闡釋了「框架」這樣的「前提假設」是如何在潛意識工作的。

此外，他也提到「改變框架」有兩種基本形式，一是**正向意圖**，另一個是**重新定義**。

請回頭再看看前面幾個章節，我從第一章開始就不斷地提到「正向意圖」，這是在進行「干預」與「教練」來訪者的重要前提假設。

執行師相信，「正向意圖」可以幫助自己安定，也相信來訪者是有資源的，同時還相信所有的症狀都是善意的。對來訪者更是如此，在這種相信中，來訪者才能夠勇於面對自己的症狀，真正的取得跟症狀溝通的能力。

好像之前我所舉的案例中，在那一場演講的故事裡，朋友原諒了我，是因為我有**正向意圖**；另外，那個豔遇故事裡的對象，則是因為

他的身分被「**重新定義**」了，讓人有了不同的認知。

簡單來講，不管是「正向意圖」還是「重新定義」，它們都有著「改變事物內在意義」的含意。

正向意圖與重新定義

多數的心理書都從理解他人的行為角度來解釋所謂的「正向意圖」，但事實上，這其實是有些困難的，對我來說，也許從自己的角度來思考，會比較容易懂得。

也許讀者們可以想想以下幾個問題：

你有沒有為了**不傷害自己**（原因），對他人**說謊**（行為）？

你有沒有**被別人氣到**（原因），而**丟東西、罵髒話或打人**（行為）？

你有沒有**擔心**（原因）自己受到傷害而**退縮**（行為）？

看一看這些你不喜歡的行為（說謊、丟東西、罵髒話、退縮），每一個背後是不是都有個「很重要」的理由？

從自己所不喜歡的行為中，推己及人，我們是不是就比較能了解到，每一個不受歡迎的行為，對當事人而言，其實都有一個正向的意圖。

從我們自己的經驗中，我想你會發現，「有效溝通」的一個重要技巧是：「面對他人做出的行為舉措，要去培養你的好奇心，好奇他們該行為背後原因，而不是一味用自己的解釋，去評語你所看到的對方的行為。」

事實上，回應意圖也要比回應行為更有效率。

比方，某人在會議中指責你的計畫有不夠周全之處。這時你要回應他的，不是反駁他的指責，因為那是他的行為。你要看見與回應的是，

他其實和你一樣都有著成功的意圖，所以這時你要這麼回應他：「聽起來，你也想幫助公司達成目標，那麼，我很想了解你想到的成功方法，可以請你來說一說嗎？」

透過願意對每個人行為背後「正向意圖」的理解態度，這能幫助我們聚焦在原本要解決問題的道路上，我們也就能不再製造分裂與衝突，也就不會帶來更多的問題了。

在簡單說明「正向意圖」後，現在我就來談談「重新定義」。

「重新定義」也是一種很好的方式，一般常用意思相近但含意不同的字句來代替，替代的是原本陳述或總結的對應字句。

例如「顧客抱怨這太貴了」，這時，店員可以假設顧客是喜歡這件物品的，只是對價錢不太滿意。這時，他可以把「貴」這個字改成「價值不菲」的認知，然後他就可以重新做出這樣的回應：「就是因為它這樣的價值，才配得上您這樣卓越的品味。」

一詞改觀（換框）法

還有很多詞意義相近，但是隱含意義卻不同的字詞，以下我再舉幾個例子：

「小氣」←→「節省」←→「勤儉」

「自私」←→「計較」←→「對自己好」

「固執」←→「不知變通」←→「堅持」

「善變」←→「隨波逐流」←→「有彈性」

在說同一個事件時，我們可以使用置換的詞句，以帶來意義上的不同，而這些細微的文字改變，有時可以改變整個事件的意義。

例如：有位朋友跟你抱怨，自己在某件事上的固執。

這時，我們可以這麼回答他：「在這件事情上你很『堅持』，所以，這可以幫助你得到什麼？」

用「堅持」這個詞來重新定義「固執」兩個字，這可以幫助對方，趕走自責的情緒。再來，我們就要去好奇這份「堅持」，好奇他這「堅持」背後的正向意圖是什麼？

簡單來說，我們可以在這一、兩句簡短的對話中，讓人聚焦在他想要得到的是什麼，而不是讓他一直處在反芻自責與罪惡感裡。

情境改觀法與意義改觀法

除了一詞換框法，NLP執行師入門時，必須也學會以下兩種最基本的改觀法，一是「情境改觀」，另一為「意義改觀」。

淺談「情境改觀法」

NLP有一個基本概念，它沒有所謂的「好的行為」，換個角度說，行為的好壞取決於某些特定的場合，或者說究竟這樣的行為合適或不合適。

這裡有個滿有意思的笑話，是這樣的：

有一位老人去找醫師看病，他對醫師抱怨，自己每天早上六點都要定時的大便。

醫師聽了，很訝異於他的抱怨，因為有許多老人都有排便的問題，然而他卻能正常且定時的排便。

於是，醫生給出讚美：「伯伯，這樣很棒啊！很多你這個年紀的病人，我都還要開軟便劑給他們吃呢！」

老人家聽了，冷冷的回說：「問題是，我每天都睡到七點啊！」

這個故事告訴我們，一旦情境不對，好行為（讚美）也會變成不合適的行為啊！

「情境改觀法」強調的是——事件中引起情緒的問題行為不變，但轉換情境後，問題行為就能變成有用的行為。

舉例來說，放屁是一個不受眾人期待的行為，可是在什麼情況下，放屁會是一個大家都期待的事呢？

沒錯，答案是手術完成後的病人，大家都在期待你趕快放屁啊！

再舉一例，插隊是不受歡迎的行為，常常會被眾人唾棄，但是有時候我們也會允許並同意被插隊，想一想，我們不都允許救護車插隊，甚至還會主動退讓，讓它插隊？

又好像日常生活中，自私自利這個行為是很不受人喜歡的，但如果發生在代表團體或國家利益談判時，我們便會自私地期待，能有更多想法站在我們的立場，以爭得更多的利益。

這個方法概念很簡單，在運用「情境改觀法」來解決問題時，治療者可以這麼問問自己：「在什麼樣的情境下，這個行為會變得有價值呢？」

然後，你可以持續地想像不同的情境，直到找出能改變行為評價的情境即可。

淺談「意義改觀法」

「意義改觀法」強調的是：「行為、情境都不改變，但是我們看待這件事的意義改變了。」比方：

朋友跟你抱怨：「我的老板老是批評我。」

你可以這麼回答他：「你的老板一定對你很器重，想必他對你有很大的期待。」

另一個朋友向你抱怨：「我常常擔心我做的不夠好。」

你可以回答他：「所以，你對自己的要求很高啊！」

又一個朋友這麼對你說：「我很容易相信人，我很笨。」

你可以回答他：「善良是對的，你只是沒有遇到好人。」

至於運用「意義改觀法」作為解決技巧的祕訣是：

問問自己：「是否有較大或不同的架構，此一行為是否會有正面的價值？是否在相同的情境中，從其他不同角度出發，雖然不直接跟這個相關，卻能產生不同意義的架構？又或者這種行為可有其他涵義？我如何對相同的情況做不同的解釋？」

例如原來的例子：「我很容易相信人，我很笨。」這是從兩個人的事件放大到整個社會的觀點，換言之善良不會有錯，那個人才有錯。

「我常常擔心我做的不夠好。」是從自我的角度放大到社會的角度，然而，自我要求是群體生活的美德。

簡言之，我們要不斷嘗試的就是改變視角的看待事物，用新的眼光去看待舊事物。

而比較起「情境改觀法」，日常生活中我們其實比較常見的是「意義改觀法」。下面圖表，是一些負面情緒背後賦予正面意義的對照：

負 面 情 緒	正 面 意 義
憤怒	準備對一個不能接受的情況作出改變的行動。
痛苦	使我們避開危險。
憂慮	把精力集中，自理一件當時最重要的事。
討厭	需要擺脫或者改變。
悲傷	從失去之中取得智慧，去更珍惜尚擁有的。
後悔	找出一個得不到最好效果的做法中的意義。
慚愧	一件表面完結的事，但仍有需要做的部分。
緊張	需要額外的能力去保證成功。
躊躇	一些內心價值的定位尚未清晰。
無可奈何	已知的方法全不適用，需要創新突破思考。
困難	覺得須付出的大過可得到的。
害怕	不甘願付自己以為需要付出的。

如同意義治療學派的創始人維克多・弗蘭克（Viktor E. Frankl）所認為的，人們不怕受苦，而是害怕受苦的沒有意義。以下，是從他的著作《活出意義來》書中摘錄的故事，希望可以幫助大家更了解「意義改觀」

的力量。

「有一天，一位年老的全科醫師來看我，而他患了嚴重的憂鬱症。

兩年前，他最摯愛的妻子死了，自此之後，他就一直無法克服喪妻的沮喪。

現在我能怎樣幫助他呢？我又應該跟他說些什麼呢？

我先避免直接告訴他任何話語，而是問他：『請問醫師，如果您先離世，而夫人繼續活著，那會是怎樣的情境呢？』

他說：『喔！那對她來說這是可怕的事啊！她會遭受多麼大的痛苦啊！』

然後我回答他說：『您看看，現在她免除了這個痛苦，而那是因為您，才能使她免除的這個痛苦的。現在您必須付點代價，繼續活下去，繼續哀悼，來償付您心愛的人免除痛苦的代價。』

他不發一語，但是卻緊緊地握住我的手，最後平靜地離開我的診所。

痛苦往往在發現意義的時候就不成為痛苦了，例如『具有意義的犧牲』便是。」

學習「框架」的目的是為了鬆動

這一路的學習讓我們知道，框架（前提假設）能幫助我們對發生中的事件快速聚焦，並讓人能夠做出即時的反應。

換言之，轉換框架可以幫助我們快速地擺脫問題，不過值得注意的是，轉換框架並不是透過解決問題來幫助我們，它是透過認知來重新框架該經驗，接著再影響潛意識對事情的解讀，進而自然地改變了「刺

激一反應」的模式。

　　NLP各大師們為我們創造了許多程序跟方法，讓我們得以學習到各式各樣的框架技術，知道了也得到如何使用框架轉換的能力，有了這項工具，我們就不需要打坐修煉多年之後，才能習得當頭棒喝的能力，而是透過在學會了這些工具，我們就能幫助自己跟夥伴改變各框架視角，得到人人夢想的心靈自由。

NLP

Chapter

6

語言與信念

信念一開始是用語言濃縮經驗的學習跟教訓，
最後它獨立於經驗之外，失去所有事實的支持，還凌駕你的意識。

——唐道德——

從語言與信念說起

語言如何將經驗簡化成為信念

改變框架就可以使固著的信念沒有可以著力的地方,這正是語言與信念之間的關係。

在解說之前,我想和你做個小測試:請你先花一點時間,想到一個你曾經被辜負的經驗,我們要透過這個真實的經驗,好幫助你理解自己的信念是如何形成的。

比方,那經驗也許是一直期待的約會(或旅遊),忽然被臨時取消了;也可能是一直期待的升職機會,最後結果升職的人竟然不是你;或是,網購寄來的東西跟你的想像落差太大;又好像許多我們曾經有過的經驗,你滿心期待去到他人推薦的美食餐廳或民宿,結果卻大失所望⋯⋯等等。

回想一下,事情發生之後,你跟自己說了什麼?

雖然這些事情已經有一段時間歷程,而且有很多的場景和人際互動,有各式聲音、影像、味道、感覺、情緒,但是我們可能無法從這麼複雜的事物立即做出結論或得到學習、教訓,因此當下比較會出現的反應是——你跟自己說了什麼?

你還記得在那些情況下,你跟自己說了什麼?可以把它寫下來嗎?

此外，在那之後你有做出什麼結論，得到什麼學習或教訓嗎？

在把這些過程做完之後，你就會清楚地知道，在你生命中那些大大小小信念的形成過程了。

從中不難發現，我們簡化了所有的經驗，並且用語言簡述了事件的因果及意義，也就有了「以後『我要』（或『我不要』）」所採用那一種的策略或公式。

比方朋友爽約的例子：

因為我們心中有一個期待，而這個期待卻被辜負了，而「爽約」自然不符合心中的價值觀（守信用）與信念（做人應當守信用），於是它就需要有一個解釋意義（命名）。於此同時，為了避免事情再一次發生，我們就需要找出因果關係，從中得到學習跟教訓。通常我們不會去修正已經形成的信念，例如「做人應當守信用」，比較可能會去做的是，依據這個已經形成的信念，繼續延伸推衍，然後繞著這個信念發展出「附加在這個信念上的信念」，又稱為「依附信念」。

於是，「朋友爽約」這件事讓我做出了這樣的結論：「他忘了赴約（果），不管是什麼原因（因），都代表他不重視我（意義）。」

然後，你可能會這麼告訴自己：「我再也不要拿熱臉去貼冷屁股了。」這就是從原本「做人應當信守承諾」的信念上再衍生出的依附信念，自此之後，你就常常會去考驗或檢查別人，是不是誠心的對待你。

這個情況用一句標題式的字句來總結，即：「信念是由抽離於經驗與現實的語言所構成。」

其實，信念的結構非常簡單，就是 A＝B，或是 A 導致 B。

這代表什麼意思？對我們來說，它們的意義又是什麼？

簡單來說，我把這個「A＝B」或「A導致B」的算式輸入我的潛意識，讓潛意識在意識做出反應之前，就能依此公式讓我的身心遠離危險，趨吉避凶。

以前面提到的範例來說明，「我再也不要用熱臉去貼冷屁股」，就是從「經驗」抽離出來的「語言」總結，它就像一個鋼筋加混凝土的堅固結構，但也失去所有上下文的背景支持，而就在這個沒了上下文背景支持的堅固結構裡，任何人只要有一點忽略，並做出讓「我」覺得不尊重的事情時，就會強化這個信念，讓「我」越來越相信這個的重要性。

然而，這就可能導致我變成一個十分偏執的人，不管別人怎麼勸告我，或試圖解釋這是一個誤會，我都難以接受，因為我心中始終相信：「他忘了赴約（果），不管是什麼原因（因），都代表他不重視我（意義）。」還有：「我絕對不會再用自己的熱臉去貼別人的冷屁股。」

若來訪者有這樣的例子，那麼我們便可以理解，來訪者為了保護自己不再受到傷害，可能會是個疑神疑鬼、善妒、不容易相信人、少有交到新朋友機會的人。

「信念」可以是傷害自己與他人的元兇，「信念」也可以是對自我強烈的支持，因此我們要保留對自己有用的信念，並修改或移出沒有幫助的信念。

下面我就要來介紹改變信念的方法。

如何有效的幫助人改變信念

我整理出三個能有效幫助人改變信念的方法：

方法一：「聽覺啾～模式」

也就是前面章節提到的「聽覺啾～模式」，步驟腳本請翻閱至第三章複習。

只要依照該程序步驟工作，你就能得到一個好的次感元的信念改變。

方法二：回到經驗本身

為了快速有效的幫助到來訪者，有一個最簡單的改變方法，就是讓來訪者回到他原來的經驗當中。

要怎麼做呢？

首先，我們可以問他：「你什麼時候決定 ＿（信念字句）＿ 的？」

用之前提到的朋友爽約例子來說明。

當來訪者跟你說：「我絕對不再用自己的熱臉去貼別人的冷屁股。」

你就這麼問他：「你什麼時候決定 ＿我絕對不再用自己的熱臉去貼別人的冷屁股＿ 的？」

這問句能協助他回到經驗發生的時候，也就是說，藉由回想讓來訪者想到經驗本身時，我們就有機會打破其堅固的信念結構，讓他從經驗本身，重新檢視，重新學習，進而重新得到一個比較能幫助他且具有建設性的信念。

在他回到那個經驗時，我們可以有機會讓那個「受傷的部分」得到他所「錯失的經驗」（比方愛、支持、共情），當這個受傷的部分得到支持，它就有機會看見後面啟動的種種回應機制——一個個保護的正向意

圖，我們只要再升高這個保護的正向意圖（即「提升正向意圖的方法」，在第一章有詳細說明），來訪者就可以得到「更好的人際關係」的正向意圖，而我們也就能在來訪者有意願的情況下，幫助他重新學習，也重新得到一個更好的信念。

再簡單總結：「信念是經過約簡的因果關係、意義與結論，是從經驗中簡化出模型，最後形成一個缺乏上下文的真實背景且獨立抽象的文字敘述。」

如果想打破這個抽象又牢固的文字敘述，就要能回到經驗，再一次經驗真實的事件來清楚這個模型，之後，我們就能設法滿足來訪者所「錯失的滋養經驗」，去找到當時決定的「正向意圖」，然後保留這個「正向意圖」，並找出其他創意的解決辦法，好幫助來訪者重新在這個事件中，學到新的理解，得到新的學習，最後我們也就能一起破除這原有的信念了。

方法三：注意你正在跟自己說什麼故事

我們總說，人是故事的動物，有時我們為別人（他是誰）編織故事，有時我們也為自己（我是誰）編織故事。

故事的特徵是線性的，它必然有前因與後果，而我們說著故事的時候，使用的就是語言。說故事的時候，我們會有一條故事的主線，凡是跟主線故事有相違背的地方，我們會視為例外，不會把它視為故事的一部分。

好比說，我自認是一個非常誠實的人，但是我的好朋友會為我指出

「何時、何地、何事」，我不符合誠實的標準。

猜猜看，我怎麼回答？

我說：「喔！那是例外。」

因為，我們都建構了一個世界，是自己認可且熟悉的模樣，即使那不是事實，但是這卻更符合我們「不想思考」的天性。換句話說，我們喜歡簡化心中的世界模型，因為這會讓生活更易於符合「刺激—反應」的約簡情況，還能幫助我們能更專注在其他的事情上，雖然不一定真的有其他事情等著我們去專注。

其實，把「例外」排除在生命敘事之外，是為了幫助我們能維持生命的一致性。只是，這也同時會讓生命敘事變得很薄弱，因為把「例外」排除會讓我們缺乏多樣性和彈性，甚至難以面對外在的逆境，也更易於產生挫折感。

如同這個日常生活中常見的對話：

甲問：「我想要有錢，你可以告訴我一些門路嗎？」

乙回：「我知道有一個賺錢的方法是……」

甲說：「那種事我做不了。」

甲會這麼說，有可能是這份工作牴觸到他的信念或價值觀，同時也代表他沒有多重價值觀可供選擇。

當我們帶著以自己為宇宙中心來觀看世界與思考的時候，就只會有單一的視角。

所以，當我準時赴約了，而對方沒有出現，那理所當然全是他的錯！而這就是我一廂情願選擇的故事視角。

此時的我懶得或不會去思考，有沒有可能我們溝通有誤，導致我們

對彼此的誤會。甚至，我一直認為是他約了我，而不是我與他相約。

所以，要認清信念有一個重要工作，就是要自覺——**我正在跟自己說一個什麼樣的故事**？

總結上述的描述，我們可以理出幾個重點：

①——「我是誰」跟事實可能有差距，但是對我而言，我自己的內在描述比外在事實更重要。

②——我們對事實也有自己歸納的「因果關係」，而這個因、果即使不同於事實，對我而言始終是千真萬確的。至於別人的真實為何？那不重要。

你現在大概知道，在與人溝通的時候，常常會有「鬼打牆」的感覺是從哪來的了吧？

③——所有的內在描述，我們都是用語言完成的，但語言永遠無法描繪出真實。因為在真實變成語言時，勢必會經過「刪減」、「扭曲」、「概化」的情況。最終這個內在描述會成為——用語言濃縮經驗的學習跟教訓，並且獨立於經驗之外，失去了所有事實的支持，甚至凌駕你的意識。

方法四：運用支線故事豐富你的選擇

知道你正在跟自己說什麼故事之後，你可以參考下面幾個問句，用說故事的方法寫下對自己的自述：

①——我是一個什麼樣的人？

②——我最看重什麼人、事、時、地、物？

③——我最反感什麼人、事、時、地、物？

④——為什麼？

完成後，再對自己所寫下的描述，試著想出生命中的反例：「我什麼時候做了相反的選擇，為什麼？」再來，以這些反例作為線索，回想並且串起你生命中做這些選擇的時刻。

如果完成了很好，你現在多了另一條生命的支線故事，同時也更了解你自己了。

這一路，我們從前提假設討論到信念，再來就要進入語言。

簡單來說，信念是隱藏在背景中的強烈前提假設，而前提假設就像一個濾鏡，它會突顯一些東西，也隱藏一些東西。

「信念不是一個統一場」，我們的內在總是充滿著相互矛盾且衝突的信念，然而有趣的是，我們也是靠著這些矛盾跟衝突，而得以用自己內在的資源重組新的自我敘事與重組信念。

不過，不管我用了哪些治療方法，或多少治療流派的技術，始終都離不開「語言」，因為「語言」除了是我們表達意思的載具外，更是我們用來組織架構自我信念的方式。

而故事、信念、前提假設的根基都是語言，接下來，我準備來好好談一談「語言」了。

語言與你的關係

「語言」可以框架經驗

以「短期焦點解決諮商取向」來說明，助人工作者會這樣提問：「假如你沒有這個問題，你會怎麼活？」

在會談結束後，他還會請你給出總結：「關於我們今天的會談，你覺得有哪些是有幫助的？」

下次見面的時候，他會問你：「這星期你有沒有注意到有些什麼好的改變？」

以上，就是一種聚焦。聚焦的意思是，引導對方——注意我要你注意到的，不要注意我不要你注意到的。

所以，當我們運用「語言」作為一種工具時，可以邀請他開始框架他的經驗，甚至為這個經驗命名：「你對這段敘述如果有一個簡單的描述，你會怎麼說？」。

尋求互補性，豐厚自我敘述

「語言」除了能夠框架經驗外，還能藉以尋求互補性，豐厚自我的敘述。

假如有個人跟你說：「我就是這樣的人！」

我們不只要同步他的地圖，還要識別出他的內在地圖，這時我們就要這麼回應：「我不太理解你的意思，可以說多一點嗎？」

簡單講，面對來訪者，我們要帶著更多的好奇多問一點，以豐富我們對他的理解。比方：

執行師：「你有過不是這樣的時候嗎？」

來訪者：「有一次我……」

執行師：「是什麼讓你做出這樣的選擇（指不是這樣的時候）？」

來訪者：「因為我……」

執行師：「做出這個不同的選擇的你，是一個什麼樣的你？」

來訪者：「我覺得那時候的我……」

執行師：「這個部分的你對你來說，它的意義是什麼？」

來訪者：「我覺得對我來說……」

執行師：「回想一下，只有這個特例嗎？還是有其他的經驗？」

來訪者：「這樣想起來，我還有這些經驗……」

執行師：「所以，你不是一個頑固不變的你，你在很多方面都有備用方案。你願意談一談這些隨時準備著備用方案的你嗎？」

上面的每一個問句，都是在打開另一個面向的他，只要我們可以跟他建立起關係，帶著好奇的關心，同時朝著設定結果的地圖前進，我們就可以與之探索他的內在世界，同時也能了解他的限制和資源，最終便能協助他，打開自己內在世界的模型。甚至，能幫助他，找到他自己世界模型中那個隱藏的理想世界！

能讓人找到價值鏈的「例外」

其實NLP有一個「找尋例外」的相關技術，稱之為「價值鏈」。

我們所看重的這個「例外」，意味著這個「例外」比起原來的價值觀更為重要，所以我們才會不遵守原來的價值觀，卻遵守這個例外。

例如，課堂上有個人說，下雨天的時候，他通常不會跟朋友出門，因為他討厭下雨天外出。

我就問他：「有沒有例外的時候？」

他回答：「有，上次一個朋友從美國回來，只有待幾天而已，約會的那天雖然下雨，但我還是赴約了。」

我問：「這是因為……」

他說：「因為，如果錯過了，不知道我們下次什麼時候才能再見面。」

我又問：「因為是可能錯過的重要會面，所以你就會外出了？」

他點頭，說：「是！」

換句話說，重要的人或事的位階是高於「下雨天不外出」的通例時，「例外」就會發生。

在大概了解什麼是例外的「價值鏈」之後，我們就可以來練習NLP的「價值鏈」技巧了。

NLP的價值鏈技術

這是一個透過「例外」來找到價值觀排序的工具，以下是我的過程示範：

我問來訪者：「你交朋友的時候最看重的價值觀是什麼？」

來訪者：「誠實。」

我：「滿好啊！那麼，你交往過的朋友中有沒有是不誠實的，但是你還是跟他做了朋友？」

（這需要來訪者誠實的回答，並且以抽離的角度思考，如果有需要，你可以請他退一步看自己，也就是從第三人稱角度去觀察、發現。）

來訪者：「有，因為工作需要。」

我：「滿好啊！那你結交過的朋友中有沒有是不誠實的，而且也沒有工作方面的需要，但是你還是跟他做了朋友？」

來訪者：「有，因為學習。」

依照上面的討論方式，我們可以持續使用原來的「例外」問句探尋下去。

「滿好啊！那你有沒有交過的朋友是不誠實的（價值觀1），但不是因為工作需要（價值觀2），也不是因為學習（價值觀3）……（價值觀4）……而你還是跟他做了朋友？」

從對方的第一個價值觀，不斷地討論下來，一直問到他告訴你：「沒有了。」

依照這個找到例外的方法，能幫助來訪者找出其交友面向中，他所看重的價值觀排序。

不過，正確的排序其實是反過來的，也就是說來訪者重要的價值觀之排序是從最後一個「例外」開始，以上述例子，排序上的重要性是：……＞（價值觀4）＞學習＞工作需要＞誠實。

從中我們也看見了，每個「例外」都打破了舊的原則，就像範例中

所表現的：「學習」打破了「工作需要」的交友原則，而「工作需要」打破了「誠實」的交友標準，這一個又一個的不同價值觀的出現，意味著「例外」比起原來的價值觀重要許多。

語言是存在的居所

從語言了解一個人的內在世界

從對方說的語言中，我們能窺見一個人的內在世界地圖。

不過，在非語言的表現中，也一樣可以看見一個人的內在世界，這裡我先從非語言的層面說起，因為「肢體語言」更容易披露出我們的內在地圖。

想一想，我們在說話的時候，除非被綁住了，否則我們總會移動身體，會有比你想像還要大量的肢體語言在呈現，特別是「手」！

是的，我們時不時會用手的動作來加強我們的表達，裡面往往洩露出很多訊息。

要先聲明，我不是什麼肢體語言專家，以下所分享的，只是NLP感官測量需要具備的基本能力。簡單來說，不管是對語言還是非語言的觀察能力，都是對想要成為好的NLP執行者的你，必須勤練的功夫。

接下來，我試著解說幾個「肢體語言」相關的訊息：

透過手部位置表示「親疏遠近」

①——和一位主婦聊天，她提到小孩的時候，我們看見她手的位置，正移動到了她身體的中心，然而提到她的老公時，她的手就遠離了身體的中心。顯而可見，她已經用手勢告訴你，老公跟小孩在她心中重要性的陳述。

②——又或是，當一個人在訴說他的兩難時，分別為 A 情況與 B 狀況，他在陳述的時候，一樣會有個區別的手勢，透過這些手勢位置，我們就能知悉他潛意識所顯露的看法。

手勢裡的「趨、避」

①——「說話的時候，手作勢往外推」表示那是他不喜歡的、想擺脫的。

②——「握拳」表示決心。

③——「手掌往內」比較是表達他的想要。

腳的位置跟指向會透露他真正的想要

①——面對面跟你說話，腳尖卻指向別人，這是他潛意識的趨向。

②——與人站著說話的時候，如果對方的腳有些動作，比方腳尖似乎已經轉向，或指向大門了。這時，你可以體恤一下他，主動和他說：「你好像還有些事要忙？」相信他一定會很感激你的。

③——注意腳的方向（移動）變化，對比於對方頭部，**離頭越遠的地方資訊越真實**。

團體中的肢體語言

①——會議中刻意的位置安排，顯示著組織中的位階及組織潛文化。

②——讓大家隨意坐的會議場合，透過挑選的位置，可以顯示個體在群體中的親疏關係。

③——在團體中，一個人在說話的時候，所得到的多少注目眼光，可以看出誰才是具有關鍵影響力的人。

④——再舉一個可以觀察的重點是，當你在說話時，有多少眼光迴避，比方某個人在演說的時候，卻看見大家的目光都是迴避的，這大概是一個靠恐懼統領的團體，彼此之間可能也鮮少有互補調節。

語言中顯露的訊息

最後我簡單說明，「語言」顯示的內在世界地圖。

首先，是抽離、融入與自述中的「你、我、他」，說話的人用「我」描述自己時，這是第一人稱，是融入的。

說話的人用「他」描述自己時，顯露出他是抽離的，是用旁觀者（第三人稱）在**檢視他自己**。

至於「你」什麼時候會用到？通常是在教練或心理治療時才會用

到。比方，當執行者要來訪者換位思考時，或是借用他人資源時，我們就會請來訪者進入第二人稱，請他從第二人稱看對面的自己，與之對話，這時候的稱謂便是「你」。

在時間軸位置上使用的「過去、現在、未來」。

在催眠跟 NLP 中有很多的英文原著會提到「時態」，即英文語法中原有的「現在式、過去式與未來式」的語態之運用。雖然，中文用詞並沒有時態，但是，我們仍然可以好好的運用「過去、現在、未來」這三個詞。

比方，有人跟你抱怨他做不到。

你可以回應：「所以，是什麼原因讓『過去的你』做不到？」

當他說完原因，你可以跟他核實：「所以，如果沒有了這些原因，你『未來』是有可能做到的？」

如果他說「是」，那麼我們就找到可以施力的地方了。

但是，如果他說「不是」呢？

還記得我在教授催眠時經常說的：「記住，沒有失敗，只有回饋。」

這時不要被自己的挫折感擊退，眼前的你只是還不夠清楚他的內在地圖而已，你只須保持好奇，然後順著他的反對，繼續提問：「不是？所以，你還有其他沒說的阻礙？那阻礙可能是什麼？」

當他回答了你，你一樣繼續核實：「所以，如果沒有了這些原因，那『未來』就是可能的？」

記得史蒂芬·吉利根也說：「當治療無效的時候，真正的治療就開始了。」指的是，當來訪者反對他原來所說的事，那真正的阻礙就會出現了。

事實上，在語言中所洩漏的信念，在中文裡也有一些特別的詞，這些詞句後面所指向的正是「信念」，它們有「應該」、「必須」、「一定」，這些想必你也十分熟悉吧！這些特定的詞把一件事說得理所當然、毋庸置疑，背後自然有著一定的信念。

換個角度說，儲存於我們身上的信念，是不會被我們自己覺察的，因為我們對這些信念並不會有任何質疑，只有相信。

所以，當我們發現對方的信念且有些疑惑時，千萬不要以為你是理性的，更不要認為你只要能與之曉以大義，對方就一定會改變觀念啊！事實是，如你我生活中常見的，這往往只會為我們招來關係損傷或撕破臉的結果。

如何跟信念工作

在進入說明之前，我要先解釋一下「相信」、「信念」、「信仰」，在英文中都是同一個「believe」，而在NLP中我們認為這三個詞都是同一種結構，所以我將會交互使用這幾個中譯詞，因為它們的結構都是一樣的。

這裡我舉個例子：

一位來訪者說他有個想要去除的「相信」：「儘管我平常都做得到，但是一遇到正式比賽，我就會因為緊張而失敗了。」

這時，我們可以怎麼做？

所幸，我們經常有自我矛盾的信念，這對於我們要與信念工作來說，確實是個好消息，由於信念的啟動也是一種「刺激—反應」，因此遇到這種情況，可以好奇的詢問對方：「是不是有『例外』？」

接著，我們就能用前面學習到的「價值鏈技術」，慢慢找出他的價值觀，並找出他的「例外」狀態。

在找出「例外」後，我們就能將注意力導引到這個「因為緊張而失敗」信念的例外，了解他的這個信念會在什麼狀況下啟動（引發），又是如何運作（操作），以及他所看重的價值是什麼（驗證標準），而他又是怎麼知道這樣做是對的（Exit）──這正是T.O.T.E.模式的運用。

然後請他舉個具體的例子，以印證你對他信念結構（內在地圖）的檢測，看看你協助建立的信念地圖是不是符合來訪者的描述。

如果，你已經確認你的理解是正確的，就可以再邀請來訪者進入這個情境中，描述他的體驗，要特別注意他的五感跟次感元，接著要邀請他體驗「做得到」時的身體感受，請他感受他的肌肉感覺、呼吸情況，或整體的身體感受，尤其是在達成挑戰的時候，請他體會那個感受，並且做出身體性的姿勢，同時給自己一句話作為一個象徵或啟動這個狀態的訊號。因為這是他所要的理想狀態，而這個身軀姿勢就成為他一個資源狀態的象徵，也是一個心錨。

最後，我們請他以第一人稱進入挑戰狀態，並描述出五感經驗及次感元。

在他描述的時候，要注意這兩者之間的對比，因為一個是崩潰狀態（緊張而失敗），一個是資源狀態（例外狀態），請他留意它們的差異在哪裡？

在對比出差異後，請他帶著這個身軀姿勢的心錨進入挑戰狀態，執行者則協助他，讓身體感受維持在資源狀態中，想像在挑戰狀態（比賽時刻）去做到所有事情，看看這會如何改變他的內在體驗。

在NLPU裡我們稱這個過程為「信念阻礙與信念架橋」，我們不處理「我一定做不到」的信念障礙（例如，每次的正式比賽時），我們只問有沒有例外，有沒有類似的情境，但是你告訴自己「我做到了」（例如，練習的時候）。這時，我們就直接運用「我做到了」的經驗，在經驗中萃取當時的身心狀態，並以身軀姿勢作為心錨，來牢固這個身體經驗，最後藉由這個經驗代替「我做到了」的信念，便可用以介入原來的問題狀態。

這是第三代NLP的特色，我們開始用「身體和場域的概念」介入教練的工作。而這個過程也是次感元移轉的擴展，它用兩種狀態的次感元來對比，並且利用置換次感元來改變大腦的工作迴路。

即使面對自我覺察能力不夠的來訪者，在你做完對比之後，你仍然有足夠的材料可以為他做前景／背景法。

萬一對方說沒有「例外」，那該怎麼辦？

別緊張，剛剛他說的那一段話中，便已透漏了「例外」：「儘管我平常都做得到（這是相信A），但是遇到正式比賽，我就會因為緊張而失敗（這是相信B）。」

相信A就是資源狀態，相信B就是挑戰狀態，聽出「例外」了，我們也就可以繼續工作了。

現在，你可以體會，語言可以表露對方內在地圖是什麼意思了吧？

用語言創造生活中的心錨

還記得我們之前談的前提假設改變，是如何引動不同的「刺激─反應」模組嗎？

現在，我們要來談談，如何在日常生活中創造出你可以預設，同時日後也可以幫助你觸發運用的「刺激─反應」模組──也就是「心錨」。

我簡單說說，何為「心錨」。

你曾經在開車聽著廣播節目，或者在公共場合突然聽到年輕時熟悉的歌嗎？那是否有突然湧上回憶，或者是某種心情佔據了你的身心？又或是，異鄉遊子每天吃著當地的食物，突然嚐到自己家鄉的菜，或者看見國旗，是不是一樣有著深刻的情緒湧現。這些聽見、嚐到、看見某種東西時，所產生的強烈情感跟身心感受的連結，我們稱之為「心錨」。

心錨的原理我們在前面已經提到，像是巴布洛夫的狗跟口水的實驗，在一段強烈的身心感受連結上中性的刺激，經過幾次的連結後，中性的刺激就能引發強烈的身心反應。NLP發現這個原理可以善用來創造我們想要經常擁有的資源狀態，例如將卓越的狀態帶入富有挑戰性的公眾演講；或將勇氣、力量、幽默感等資源帶入需要的情境等等。那就像是我們在運用心念橋通過信念障礙時，用身軀姿勢作為心錨與象徵一樣，只要將「我做得到」的身心狀態帶入問題狀態，我們就可以改變來訪者的身心狀態，進而使不可能成為可能。

各位對「心錨」有了初步了解之後，我們就可以開始來練習，如何操作這個「心錨法」。

「心錨法」的步驟

　　步驟一：確認對方希望有的心理狀態，以下簡稱「甲」。

　　「請你想一想，在日常生活中，你希望自己能經常出現的一種心理狀態。」

　　步驟二：決定並準備所要採用的心錨。

　　步驟三：請對方回想一個曾經有過強烈的「甲」經驗。

　　「請你想到一個，過去你曾經強烈感受到的這個心理狀態的經驗。」

　　步驟四：幫助對方進入上述經驗，然後，請對方覺察自己在這個經驗中所「看到的、聽到的、聞到的」：「現在請你再次回到這個經驗中，在這個經驗裡，你看到什麼、聽到什麼、聞到什麼、品嚐到什麼呢？讓自己再一次身歷其境地體驗這一切，看一看你當時所看到的，聽一聽到你當時所聽到的，聞一聞到你當時所聞到的，也品嚐看看你當時所品嚐到的。」

　　步驟五：請對方完全融入上述經驗的感覺中，同時執行師要注意感官測量，在你覺得對方已完全融入上述經驗時，施用你們當時決定的心

錨位置。

「請你完完全全地融入這個經驗，讓自己再一次地體會到你在這個經驗中的情緒。」（注意：先感官測量，觀察來訪者是否已經融入，當你覺得對方已完全融入經驗中了，就可以施用決定的心錨。）

步驟六：中斷。

步驟七：測試心錨。

再次施用心錨，同時感官測量來訪者融入的情況。

①——如果感官測量的結果與步驟五一樣，來訪者確實再次融入，我們就可以直接進入步驟八。

②——反之，如果感官測量結果異於步驟五，就得回到步驟四重新來過。

步驟八：面臨未來。

「現在，請你想到一個未來你需要甲的情況。那會是在什麼時候？什麼地方？可能會有誰和你在一起？請你仔細想像這個情境。」（注意：一樣要做好感官測量。當執行師覺得對方需要甲經驗的時候，便可以施用心錨了。）

設定心錨必須注意的要點

如果，你按照上面的步驟完成心錨設定，但發現心錨是無效的，那

麼就要重新檢視你們所設的心錨是否符合以下幾個要點。

要點一：下心錨前，找出具「**獨特性**」的感受。

我們設的心錨，通常會是觸覺心錨，因此設觸覺心錨的時候，來訪者要把它設置在什麼地方，他說話的聲音、語調、文字等等都要想清楚。還有，表情也是視覺心錨的一部分，所以表情也要記住。

都確認好了，當心錨啟動時，就要準確重現這些觸覺、聽覺、感覺等等。

要點二：心錨本身的強度與純度要確實。

強度：不管你要設的心錨是什麼，情緒強度一定要夠強。

純度：心錨所設的情緒不能有矛盾，舉例來說，我要設愛的感覺，卻選擇結婚已久的伴侶或青春期的子女，可是我想到他們時，情緒上會有些複雜，是有愛，但也有很多怒恨情仇一起湧現，那麼這個就絕對不是提取心錨的好對象。我們要找到的對象是，你一想到對方，只有感受愛，沒有其他。

要點三：下心錨時及之後的重點。

下心錨的時間點：必須要在強度夠強的時候，才開始下觸覺心錨，然後在察覺到對方情緒強度已經開始減弱的第一時間，就得移開觸覺心錨。

重複施作：每次重複下心錨都會增強它的影響力。因此引發心錨時，如果效果不顯著，或是覺得無效，下心錨的動作就要重複設到有效

為止。

要點四：引發心錨時，重在「**精確度**」。

所謂的「精確度」意指，在方位及力道上要盡量重現設心錨時的所有感受。

在空間中善用心錨

在前面的NLP技術有提到，運用空間作為象徵，這就是一種空間的心錨。在NLP或催眠中，我們很廣泛地運用這個概念，例如「退一步」表示「抽離」，這時也就區分了兩個空間心錨，即「融入的第一人稱區」與「退出後的第三人稱區」這兩個空間。

「空間心錨」是設定資源心錨最常使用的技術，接下來的這個練習是很好的空間心錨設定活動，我們稱之為「卓越圈」。在NLP教練工作中，會學習透過卓越圈為自己設下卓越心錨，以幫助自己在面對挑戰時，可以隨時進入卓越的狀態。

「卓越圈」的練習

步驟一：確認卓越狀態。

「在生活中，有時候我們會經驗一種狀態，在那個狀態裡，你覺得自己能運用所有的資源，能完完全全的發揮你所有的潛能，你會感覺一切很美好也很滿意自己的情況，這正是卓越狀態。那麼，你希望你的生活

能多出現一些怎樣的卓越狀態（以下簡稱甲）？」

　　步驟二：設立卓越圈。
　　「請你想像，在你面前的地板上有一個卓越的圈圈，它是什麼顏色？有多大？有多寬？它是什麼材質的？」

　　步驟三：引導出卓越狀態，與卓越圈連結
　　「請你回想，你曾經有過甲這個卓越狀態的經驗，在這經驗裡，你覺得非常滿意自己……當你感覺到它時，請深呼吸……然後，進入你的卓越圈，讓自己再一次完完全全地感受這個經驗。」（這時執行師記得要感官測量）

　　步驟四：中斷技巧。
　　「請你跨出卓越圈。」

　　步驟五：測試。
　　「請再次進入卓越圈，看看剛才的卓越狀態是不是再度出現。」
　　（來訪者再次進入卓越圈時，記得感官測量，在確認他完完全全地進入卓越狀態了，就可以請來訪者退出卓越圈。）
　　「請你跨出卓越圈。」

　　步驟六：找出來訪者希望卓越狀態出現時的情境。
　　「從現在開始，每次我碰你的肩膀，就請你踏進卓越圈。」

「現在，請你想到未來的一個情境，在那情境裡，是你希望的卓越狀態能夠出現的時候。」

（請注意，這段引導詞不是要引導對方融入問題情境中造成困擾，執行師如果已發現來訪者進入問題情境，請馬上碰他的肩膀，讓來訪者進卓越圈中。）

步驟七：運用卓越圈達到期望的狀態。

在進入情境之前，執行師可以問問來訪者：「具體來講，那個未來的情境會如何變得不如意呢？」或「在未來的那個情境裡，你會怎麼知道你需要卓越狀態？」

這時，執行師要持續且敏銳地感官測量，當來訪者狀態一進入「問題狀態」，就碰觸來訪者的肩膀，讓他進入卓越圈內。

步驟八：測試與面臨未來。

完成步驟七之後，來訪者就可以退出卓越圈，然後觀察、討論他的感受。

「請你跨出卓越圈。」再來，問問他：「那個情境會在那裡發生？」或「那個情境發生時還有哪些人在場？」

在他回答之後，再一次問來訪者：「那麼，你現在想到那個情境，感覺怎麼樣？」

通常來訪者都會因為新的身心狀態取代舊的神經迴路，而使得問題不再是問題，我想最重要的是因為問題從來不是問題，是我們跟問題的關係才是問題。因此，當我們重塑了新的身心狀態去應對，來訪者就會

從舊反應中被釋放出來，進而得到新的以及他期待會有的反應了。

心錨是我們用來引入資源時的工具

　　儘管「心錨法」有這麼多要記住的程序，但「心錨」本身其實是一個概念，也只是一個被標記的某種特定的心理狀態，比方，有時我們用它來標記負向的心理狀態，有時則用它來標示正向的心理狀態。

　　有了「心錨法」，我們也就可以善用「抽離」與「融入」的概念，透過這些方法，讓我們能靈活運用這空間心錨，改善我們的生活。

　　此外，我們都知道NLP有些前提假設的信條，只不過各系統門派的NLP基本假設說法也都不一樣，以下我分享的是，高雄四維文教院的王輔天神父所提供的「NLP的基本假設」版本：

①──地圖不是實地
②──生命和心智是系統性的
③──每個人本身就擁有他所需的資源
④──任何人都可以活得完美無缺
⑤──任何人能做任何事
⑥──有選擇比沒有選擇好
⑦──人總是會選擇眼前最好的方法
⑧──任何行為在某種情況下都是有用的
⑨──每種行為的背面都有正向意圖
⑩──溝通是多管齊下的
⑪──你所得到的反應就是你溝通的意義

⑫——沒有失敗只有回饋

⑬——行不通就改變

⑭——愈小的工作愈易處理

⑮——彈性就是影響力

我們用NLP的基本改變模型來看，當來訪者有一個困境，而他不知道怎麼克服時，那就意味著他被過去的干擾困住了，進而導致他們認為自己無法做到或是認為沒有任何選擇了。

這時最簡單的處理方式，不是去消滅或減少導致人們無法做到的信念，而是要讓他們相信所有的可能都在來訪者身上了。

至於，如何讓他們相信任何可能都在他們身上呢？

這時我們一樣能用心錨法來嘗試，而這一次你可以應用NLP這幾條前提假設，一條一條的去感受，覺得哪一條可以幫助到你的，那麼，神奇的事情就會發生了，而這個方法稱之為「NLP的空間心錨魔法」，其完整操作程序請參考附錄（第295頁）。

如何在日常生活中運用對方的經驗設心錨

一路下來，我們學了很多個不同的心錨技巧，但現實的是，在日常生活中可能沒有幾個人能讓我們這樣慢慢地按步驟設下心錨，

這時，我們就要懂得依據心錨的五個注意要點——**獨特性、強度、純度、下心錨時間點、精確度**，再利用大家生活中自然發生的情緒，同時也要強度夠高的事件，來巧妙地設下心錨，如此一來，就能方便我們日後需要時可以提取它。

這裡，我舉個和我的女兒觀看影片的經驗作為例子，在這個孩子已經不再看你當年世界名著的時代，這會是你最有機會在孩子心中變得有影響力的方法。

　　只要有時間，我都會陪孩子看電視，相信有陪孩子看影片的人都知道，小朋友看影片的特徵是——可以一再重複的觀看他喜愛的影片。就像我的女兒，我陪著她看「海洋奇緣」已經不知道N次了。

　　我的五歲女兒一看到《海洋奇緣》的女主角莫娜駕著小船通過帖卡的礁石時，她都會顯得十分激動，不過因為她只是個五歲小孩，沒有什麼語彙可以形容她的激動，於是陪看片的我—她的父親同時也身為催眠師與NLP的講師，決定為她的這個經驗命名，叫做「勇敢」。

　　於是，每次我趁她很激動的時候，對她說：「妳覺得莫娜有沒有很『勇敢』？」

　　當我這麼問她時，她並沒有回頭問我什麼是勇敢，因為她正全心投入在電視畫面裡，但我知道，透過我的命名，她學會了這個內在的激動叫：「勇敢！」

　　然後，我會跟她說：「妳想不想像莫娜一樣『勇敢』？」

　　她專注著看影片，同時也猛點頭。

　　就這樣，我依此命名，至少為她隨機做了五次心錨。

　　有一次，小阿姨的同學要結婚，請她當花童，孩子開心的不得了，的確，還有什麼能比當花童更讓她興奮的呢？

　　那天之後，她四處告訴別人這件喜事，從家人到朋友，從老師到陌生人：「星期六我要去當花童了！」

　　沒想到，就在婚禮當天，大家綵排的時候，她阿姨打電話來，說她

整個人僵在紅毯的前面：「這該怎麼辦啊！我的同學的婚禮要毀了。」

了解情況後，我請她阿姨把電話給交給女兒。

我跟女兒說：「還記得莫娜嗎？想不想像她一樣『勇敢』？」

她輕輕的回應了一聲。

之後，我們聊了這件事，她告訴了我，關於她是怎麼辦到的情況。

她說，她站在紅毯前，對自己說：「要勇敢！然後我跨出一步，就開始向前走了。」

NLPer會說「這是心錨」，是這樣沒錯，但是我做的其實比心錨還多，因為比起心錨更重要的是——你的小孩有了一個生命經驗，當她看著電影、聽著故事、在學校遭遇沒有遇過的事情時，她都有著一個真實的可能與力量在身上，也在她的生命中。

想一想，你都是怎麼幫助一個人或自己命名這個經驗的呢？

我是這麼幫助女兒命名這個經驗的，成人是用語言梳理他的經驗，可是小孩沒有多少詞彙可用，他們的詞彙是周遭的人給的，因此，這個詞彙的命名不只濃縮了他們的經驗，他們也會因為這個命名的好壞，影響著孩子一生與環境間的互動。

其實父母是孩子的第一個催眠師，在看到我與女兒間互動的分享後，是不是讓你會更留意——傾聽孩子日常生活的點滴，以送出具有祝福含意的命名呢？

第三代NLP的卓越圈技術

　　NLP已有近五十年的發展史，這經典技術一路發展下來也有些不同的觀點出現，而我是在第一次前往NLPU訓練時，在羅伯特‧迪爾茨教授一個「複製自己的卓越（Making a Model）」技術時，當下，我才真正明瞭了第三代NLP與前兩代的不同。這個技術更為重視內在身體性的感受，以及它是如何啟動卓越狀態的，在第三代NLP「複製自己的卓越」的步驟中，我們會問「你怎麼知道你已經達到你所要的結果？」這就是在問「我可以辦到」的內在線索。

　　傳統心錨設置是用外在的環境五感來設定，即「你看見什麼？聽見什麼？聞到或嚐到什麼？這為你帶來什麼感受？」，爾後我們才透過感官測量來下心錨。

　　然而，在第三代複製自己卓越的技術中，我們發現其最大的不同之處是——它在設卓越心錨的時候，仍然要重現過去的經驗，但是著眼點放在：「在那個經驗中的我還沒有變得卓越，那我怎麼知道我就要開始變得卓越？」

　　第一代的設定心錨是「我已經在卓越狀態中」的情況，換言之是在已擁有卓越狀態下的我的五感經驗，這不是來訪者自發性的，而是依靠外境的引發。

　　而第三代的複製卓越，則是從「我還沒有開始變得卓越，我怎麼知

道，我就要開始變得卓越」來思考，是反過來的程序，是以「我的內在卓越狀態引發整個外境的轉變」為開啟，然後以「我的身體場域改變整個外在的場域」為目的。

一般來說，我們可以用以下幾個問句，引導來訪者細緻地覺察那強大的資源狀態，知道它是如何透過身體性感覺的引發，也牢固這個身體性的程序。

①——你想達成的結果是什麼？

②——你怎麼知道你已經達到你所要的結果？

③——你注意到什麼？

④——你是如何感覺到？

這是透過有意識的覺知與定錨，讓身體引導，同時也讓身體與內在隨時引發卓越的狀態，各代的心錨都一樣是在複製卓越，不過第三代的方法讓我們複製的重點是——如何啟動內在卓越狀態的流程，這也是第三代NLP強調的身體與場域跟第一代NLP只談認知跟五感的不同之處。

複製自己的卓越（Making a Model）

用下列的問句，建立一個有關卓越表現的模式：

在開始之前，讓來訪者先進入中正狀態，如果還不熟悉這個中正狀態，請回到第四章的中正狀態再次練習。如果來訪者很快就能夠回到中正狀態，執行師就可以進行以下步驟。

●——你想要達成什麼結果（檢驗結果）？

●——什麼是你可以達成結果的主要元素和必須元素（**檢驗驗證標**

準）？

● ──引導你的內在狀態（mind set）是什麼？

● ──內在心理狀態是什麼樣子？

● ──思維過程（Thinking Process）是什麼？

● ──支持你的價值觀與信念是什麼？

將以上所有的元素加起來，就能夠從內在反射映現（reflecting）出原來的卓越狀態了。

以下提供一個簡單版的「複製自己的卓越」腳本：

來訪者想要複製「自己能有一個非常具影響力與感召力的時刻」。

步驟一：請來訪者進入中正狀態。

問來訪者：「你可以想到，自己曾經有過的某個具有豐富影響力與感召力的時刻嗎？」（協助來訪者喚醒影響力與感召力的心理狀態，並且讓他能身心一致的進入該影響力與感召力的狀態，注意感官方面的觀察。）

步驟二：在來訪者融入具影響力與感召力的時候，請進行以下問句：

「當你處在這樣豐富的影響力與感召力的時刻……

從外在感官性的觀察，是什麼讓你知道自己有感召力？

你的內在有什麼線索，讓你有這個覺知？

你想達成的結果是什麼？

你怎麼知道你已經達到你所要的結果？

你注意到什麼？

你是如何感覺到？」

雖然，我們是從外在開始觀察，不過真正的關鍵是他「內在發生了什麼」，那才是這個技術的重點。

步驟三：完成步驟二之後，繼續向內深化引導。

「當你帶著影響力與感召力去說話的時候，你的行為是如何讓你知道自己是有影響力與感召力的？

你可以用自己的肢體來表現，看起來是有影響力與感召力的狀態。

你的聲音在具有影響力與感召力的時候，聽起來是怎麼樣的？」

（注意，聲音最大未必是最佳，我們要找的是內在與外在五感的『最佳化』，而不是最大化。）

「你內在的思想過程是怎麼做的？

你是從『頭腦』講故事，還是從『心』講故事的？

當你講這些事的時候，你的信念和價值觀是什麼？哪些是你自己珍惜的信念？

不只是用意識去理解，也要同時用你的身與心一起感受。現在，我要你再次回想這所有的程序——『內在的心理狀態是什麼樣子？』、『思維過程是什麼？』、『支持你的價值觀跟信念是什麼？』請再次經歷所有的過程，讓意識、心靈跟身體熟悉這個喚醒的過程。」

步驟四：中斷技巧。

步驟五：面臨未來。

「現在，要請你想到下次需要這個影響力與感召力的時刻。

想像未來的場景，想像自己進入這個場景，再次喚醒這個具有影響力與感召力的狀態，你可以回想這所有的程序：『內在的心理狀態是什麼樣子？』、『思維過程是什麼？』、『支持你的價值觀跟信念是什麼？』再次經歷所有的過程，讓意識、心靈跟身體熟悉這個喚醒的過程。」

由於這是一個非常內在的練習，帶領者必須非常地有耐心，並且多給來訪者向內探索的時間，中間最重要的檢驗點是，我們必須感官測量來訪者，在他做出肢體動作時，是不是處在高能量的狀態，例如，身體是不是挺直有精神，表情是否愉悅和滿足等。因為這是一個由自己身體內啟動的身心狀態，比較像是創傷療癒強調的「我知道我可以」的篤定感，不是像亢奮的積極興奮，而是更具有中流砥柱式的力量，我想，羅伯特‧迪爾茨常說「謙遜的權威」就是形容這種狀態。

NLP 用於人際關係

NLP 的三位人稱幫助我們在親和感中消融的界線建立立場，
有智慧的思考，同時為我們帶來借假修真的能力。

——唐道德——

語言中的刪減、扭曲、概化

語言中的刪減、扭曲、概化就是後設模式。

NLP最初是從複製完形治療的弗里茨・皮爾斯（Fritz Perls，以下皆用弗里茨・皮爾斯）跟家族治療的維琴尼亞・薩提爾（Virginia Satir，以下皆用維琴尼亞・薩提爾）開始的，一開始，NLP研究者發展出來的是後設模式（Meta Model），中譯為「明確語言模式」，那時NLP認定，語言有一個表面的結構跟一個底層的結構，表面的結構指的是「你所說的」，底層的結構則是指醞釀這句話的「內在的五感經驗與前提假設」。

他們觀察到，人們說出來的話語無法表達內在的全部，也就是說，從底層結構轉化成表層說出的語言時，就一定會經過刪減、扭曲跟概化。

透過觀察弗里茨・皮爾斯跟維琴尼亞・薩提爾的教學示範，他們發現這兩位專家都非常擅長找出語言中的刪減、扭曲跟概化，經過一段時間的努力，「明確語言模式」便成為NLP第一個發展出來的技術。

以下，我來簡單說明語言中的刪減、扭曲、概化。

刪減：「你又來了。」

這一句話完全沒上下文背景，要讓人能聽得懂，需要很多訊息來補充。比方你要知道它刪減了——現在發生什麼？之前是發生什麼事？這

件事對說話者的影響？以及說話者的期待是什麼？

更不用說，被指稱者的想法與意圖都不包括在這一句話裡面。

可有趣的是，很多時候我們竟然感覺自己都聽得懂？你不覺得很訝異嗎？

扭曲：「你順著這條路一直走下去就到了。」

對已經去過的人來說，這是非常明確的說明；但是對完全沒去過的人來說，比方對來到陌生地方的旅人來說，聽著這麼一句話去找路，就可能會是很折磨人的事啊！

我就會想，萬一轉彎時遇到叉路該怎麼辦？要順著這條路一直走？那是要走幾公里啊？

概化：「你永遠翻不了身！」

不管是自己跟自己說，還是別人對你說，都是很傷人的一句話，這是一概而論的約簡，很可能會成為一種自述的信念。

如果我聽到這種指教，我會有回應的衝動：「你是說，我在床上無法翻身，還是躺在地上翻不了身？」

很多時候是這樣的，像這一類有點荒謬的句子，往往讓我們靠著「腦補」在溝通，甚至讓人經常做了錯誤的腦補。然而我們不只完全不自覺，好像還樂在其中，是不是呢？

羅伯特・迪爾茨曾說，當年他去上約翰・葛林德副教授（John

Grinder，以下皆用約翰‧葛林德）的語言課時，約翰‧葛林德教了當時剛剛上路的NLP「明確語言模式」，每個學生都興奮的不得了，一個個摩拳擦掌，打算回家立刻對那些批評自己的人做出反擊。

怎麼反擊？

舉個例子，如果我聽見「你怎麼這麼懶！」這句話時，我就會去做出以下的回應：

「跟誰比？」

「一直嗎？我有不懶的時候嗎？」

「你指的懶惰可以舉例說明嗎？你是看到、聽到、感覺到什麼才說我懶？」

那些學生差不多都用這樣方式回應身邊的人，這讓他們的室友、伴侶、家人都以為他們瘋了！只見第二週回到教室，個個都變得垂頭喪氣。

事實上，NLP常提到的「親和感」的技術，是之來才被發展出來的。換句話說，如果你學了「明確語言模式」，但是卻忽略了「親和感」，那你就會像上面這些學生一樣，變成後設怪物（Meta Monsters）那樣惹人討厭啊！

一切從親和感說起

溝通的基礎就在親和感，所以NLP總說：「沒有親和感就沒有影響

力。」

事實上，這也是為了我們自己的需求，而開始看見對方。

由於明確語言模式所帶來的挫折感，讓NLP再又發展出一系列創造親和感的技術，這些技術後來也被廣泛運用在促進人際關係、銷售與企業管理、親子與伴侶關係等領域上。

現在，就讓我們來談談如何使用NLP技術促進親和感吧！

你在咖啡店裡，是否曾觀察過一對對男女的互動呢？那麼你能分辨出他們的關係嗎？你有注意到，那些看起來很契合的伴侶，他們是怎麼互動的嗎？

簡單來說，他們是互相「鏡映」對方的動作！

你會看見，他們擺著類似的姿勢，比方，如果一個人有了移動，不一會兒，另一個人也會有相近的移動。

事實上，這不是後天學會的能力，在我們生命最早的時候，也就是我們跟母親的關係裡——母子就會以「鏡映」對方的行為來互動。換言之，這是我們天生便有的能力。

而NLP就注意到這個鏡映的現象，便把這個現象發展成為可被複製的技術，也就是我們今天常說的「同步技術」。

現在，我想請讀者花兩分鐘看看這個影片「How to Use "Mirroring" to Build Rapport」[1]，這可以幫助大家更容易了解接下來要說的。

如同影片中所分享的，用同步技術，簡單地配合對方的「姿勢」和

1　How to Use "Mirroring" to Build Rapport
　　影片網址：https：\\youtu.be\rqhSWI4-hnA

「手腳擺放的位置」，很自然地跟隨他的動作，就能創造出親和感了。如果，可以再在聲音語調上配合對方的「說話速度」和「音調」，還能創造出更多的親和感。

在同步對方之後，當你做到姿勢、說話、呼吸都像他一樣時，便能輕易地為你帶來——對他人現在生理狀態的同步與直覺的理解。

以下，提供一個簡單的「呼吸同步」練習：

兩人一組，分為A、B兩個人。A為練習者，B為引導者，同步其呼吸，一人一次為一輪，一輪三分鐘。

①——請A閉上眼睛，B感官測量，同步A的呼吸。

②——在每次A吐氣的時候，B要同時對他說：「很好！你做得很好！」

③——在間隔兩、三次呼吸之後，觀察到A更放鬆了，B就要再說相同的話：「很好！你做得很好！」

三分鐘後，換人做下一輪練習。

「同步呼吸」是「同步說話」頻率的開始

同步呼吸的練習是專注在吐氣上，這非常有助於副交感神經系統的啟動，能讓人放鬆，因此當你與對方能放鬆同步之後，只須短短幾分鐘，就能讓人全然的放鬆下來。

當你同步著對方，你應該也會感受到自己身體同步的放鬆，那是因為這個同步的模仿，讓你好像也感受到對方的生理狀態，而這當然也是同步呼吸的效果。

同步呼吸只是最基礎的技術，日常生活中，我們能同步的還有：使用對方的「特定語言」或「共同語言」。

我們在還是小學生的時候，學習過同義詞，知道為了豐富文章的內容，在寫作文的時候，或是在形容同樣的事情時，我們都知道用不同的同義詞來替換，例如有些人覺得生活要過的幸福，不過他又想到了前提，便是家庭要美滿，於是在他的同義詞裡就會是「幸福＝美滿」。

這是應用在寫文章時，可是若用在溝通上，這樣的同義詞替換會是很大的忌諱，因為不是每個人都懂得，如同我之前提到的，一旦某個事物被命名了，那麼這個特定命名的語言本身，不只彰顯了想強調的部分，也遮蔽了沒有被彰顯的部分。於是，想與我們溝通的對象，一旦沒有使用我們的特定語言，我們會因此認為：「他都沒注意聽！」或「對我不夠尊重。」

那麼，我們要怎麼做才會有比較好的回應呢？

如果對方說：「我覺得很生氣。」

這時你千萬不要說：「所以，你感到憤怒。」

我們要使用對方的特定語言，回應他：「所以，你覺得很生氣。」如此，才會是同理的同步，這也就是利用「重複句尾／摘錄重點（Backtracking）」的方式，來達到廣效跟多重收益的說話技巧。

那麼要如何做？

方法很簡單，我們只要重複對方的句尾或重點：

一是，重複對方說的「事實」。

二是，重複對方所表達的「情感」。

三是，偶爾「歸納」說話內容後再做回應。

比起「嗯、是、好」這些聲音的回應,「重複句尾／摘錄重點」更能表達我們在傾聽時的意圖,而且在無形之中,「重複句尾／摘錄重點」更能建立 Yes Set。因為,當你重複或摘錄來訪者說的話,他除了補充說明外,只能說「是」,在一連串的「是」的回應之後,也就構成對方「Yes Set」的被啟動了。

「重複句尾／摘錄重點」的練習

請你找兩位朋友一起做下面這個練習,這是一個三人組的練習,A是資料提供者,B是練習者,C是督導。由你們三個人決定一個話題,A開始聊這個話題,B就依下面描述的重點同步對方,C則是觀察者,也是練習結束後提供觀察回饋的人。

這裡有個重點,我們不是只練習重複對方說話的句尾或摘錄重點,還要加上前面提到的鏡映法,也就是B在「重複句尾／摘錄重點」時,必須同步對方的肢體動作。

在做「鏡映」時請注意以下要點:

首先,正常的鏡映不是立即,它是會延遲一秒到二秒。

再者,為了不讓這個鏡映變成耍猴戲,我們會選擇交叉鏡映。所謂的「交叉鏡映」指的是,當他伸手抓了一下頭髮,我們在看見之後,不是立即且完全複製他的行為,而是拿起茶杯,喝口水,再做相似的動作即可。

交叉鏡映是為了避免對方覺察到你在模仿,至於為什麼要把鏡映做得這麼複雜?

回想一下，你是不是曾經聽過小朋友這麼對著他的媽媽大喊：「媽，他都在學我啦！」是的，當你太明顯在鏡映而被發現時，是會引起被模仿者的厭惡。

事實上，交叉鏡映還特別適合使用在某些不雅的行為，例如對方抖腳的動作，這時我們可以用轉筆或搖筆來配合對方的節奏。

不過，如果你覺交叉鏡映太難了，那麼我們可以從同步對方的下巴作為開始。

同步下巴的好處是，你不會錯過對方的點頭跟搖頭，這動作同時也透露出他的潛意識，對正在說的事情的評價。因此，你邊同步他的下巴和頭部的動作，同時也能注意到他說話的內容，是否跟他自己內在的評價是一致的。

練習示範：

A：「你不覺得我不適合這份工作嗎？」

B：「你覺得自己不適合？」

A：「嗯！」

B 給出「準備傾聽」的回答：「怎麼說？」

A：「你不覺得我不適合這份工作嗎？」

B 加上「情感同步」的說法：「有點挫折？」

A：「嗯！」

B：「要不要說說看……」

文字解說無法具體呈現身體的同步，但像這樣簡單的對話，練習過程都會有身體跟文字的同步映現，事實上，後續我們還可以進階做的更多。比方在本書中其他的練習裡，也可以將這個同步基本功帶入。

最後，在「重複句尾／摘錄重點」時，我有幾點提醒跟建議。

重點一，學會抓重點。

舉個例子，好朋友跟你說：「我今年已經去賞花五次了！」

如果你給的回饋是：「喔！去賞花啊。」

你這就大錯特錯了，他的重點是已經去「五次」了，因此你該給的回應是：「哇！五次了。」

重點二，培養面對沉默的能力。

得不到回應時，要有耐心，可以等待五秒鐘，不急著說話。

比方，某A說：「昨天本來想準時下班的，結果被課長留下來加班三小時。」

B友人回：「被留下來加班三小時……」

A：「對啊！」

之後，若遲遲沒有下文。這時請你等待五秒，然後和顏悅色且帶著期盼的神情，看著對方。如果他一直沒接上話，繼續看著他，心裡好奇著：「後來呢？」當你這樣想的時候，臉上自然會露出好奇的神情，多數時候對方就會自然的說下去。

萬一他還是沒搭腔，五秒鐘之後，你就重複他的第一段傾訴，慢慢問他：「你本來是想準時下班的……」（通常如此就能產生共鳴）

然後，再等五秒，如果他還是沒有回應的話，再來直接問他：「然後

呢？」

重點三，不要隨便發問，也不要過度回應。

發問只是滿足你的慾望，但卻會打斷對方的話題跟思維。我這裡再以重點二的範本為例。

A：「昨天本來想準時下班，結果被課長留下來加班三小時。」

B：「課長要你做什麼？」

A：「就這次企畫會議要用的資料啊！」

B：「可能因為老板也要出席會議的關係吧！主管最大，他怎麼說，我們也只能怎麼做了。」

到這裡，是誰決定了談話的方向？

這時候的B既沒有同理也沒有傾聽，甚至還打斷了A的情緒宣洩，直接塞給他一段教訓，是不是給人感覺：「這真是個惹人厭的自以為是的傢伙。」

重點四，「回饋情感」是高級的同步技術。

同樣的範例，看看這樣的回應，你有什麼感受？

A：「昨天本來想準時下班，結果被課長留下來加班三小時。」

B以「情感回饋」回應：「哇！真慘啊！」

有沒有覺得被支持？感覺有人跟你站在同一邊？

重點五，回饋是語言加上「表情、聲音、動作」。

好像說話時會有音樂性一樣，比如對方說話時就像是輕快的樂曲，而你的回應聲卻是低沉且緩慢節奏，換言之，聲音帶給人的感受可是更為直接的。

想一想，你看過的美食節目，鏡頭肯定無法傳播現場的食物味道跟香氣，然而當主持人以一種誇大的表情跟聲音動作來表達料理的美味與香氣時，你就能感受到食物的美味，且讓人充滿想像與食慾，不是嗎？

簡單講，沒有情感的鏡映不會讓對方感受到你的共鳴，也就是說，能加入同步對方的情緒，才有辦法得到真正與人交心的聊天。比方：

A：「昨天本來想準時下班，結果被課長留下來加班三小時。」

B透過聲音與情緒同步的回應：「天啊！！！被課長留下來加班三小時……」

這樣的回應，肯定會讓A覺得：「你懂我！」

重點六，複述內容。

面對抱怨，最好的回應就是重複他說話的內容。

A：「你會不會覺得我不適合這份工作？」

事實上，像這一類提問，來訪者通常要的不是意見，而是希望你能聆聽他的傾訴，然而，日常生活中我們最常見的應對卻是——「否定他的想法」、「提出自己過去的經驗」，還有最可怕的是告訴對方「要正向思考」。

回想一下，如果抱怨的人是你，你喜歡這種回答嗎？

同步對方的「慣用表象系統」

每一個正常的人都有視覺、聽覺、觸覺、味覺、嗅覺這五感，不過每個人也都還有自己的優勢感官，好像有些人擅長使用跳躍性的視覺思考，有些人習慣條列式的聽覺思考，有些人則是側重感受，他們只要感覺一不對，就一切免談。

一般的NLP書籍喜歡羅列一堆資料，建議你要背起來，可是我很不喜歡這種方式，我偏好請大家模仿不同的優勢感官經驗，這能讓人不需要死背硬記，就能輕鬆記住這些優勢感官者的特徵。

視覺優勢的特徵

視覺優勢者使用畫面做思考，畫面的優點是能一次處理大量的訊息。

比方你在看完這一段句子之後，可以放下書本，快速掃描一下你周遭的環境，並記住它們——這就是視覺的畫面。

現在，請閉上雙眼，開始描述你周圍的環境——這是條列式的聽覺處理。

現在，你可以比對「視覺」與「聽覺」兩者間的不同嗎？

簡單說，畫面帶著大量的訊息，除非你將所見的畫面用聽覺做條列式整理，不然畫面就只是以畫面的格式存在。

視覺優勢的人通常在說話時，會一個畫面切換過一個畫面，速度很快，那是他們為了讓思考與話語能追上內在閃現的畫面。

視覺優勢的朋友外顯特徵是，說話很快，換氣急促，呼吸也就很自然在胸腔的上半部。

聽覺優勢的特徵

聽覺優勢者是用聽覺處理內部訊息，由於聲音跟畫面不同，不能同時呈現多種資訊，所以聲音會有序且條列式地來處理訊息。

現在，你想像自己，正在傾聽房間中細微的聲音，這時的你很可能會不自覺地將頭傾向某一邊，這個動作我們稱為「聽電話」姿勢。當我們去想像說話的聲音，或對自己說話時，潛意識為控制說話的聲音，會讓我們呼吸的部位比較靠近橫膈膜的位置，這呼吸比起視覺優勢者較長，且有規律。

感覺優勢的特徵

重視身體感覺的人，有著兩種截然不同的身體特徵，一種是非常的善待自己，他們的身形會顯得豐腴些，另一種則是肌肉形的運動高手。比起視覺跟聽覺感官經驗的人，他們很喜歡肢體的接觸，也較常使用腹式呼吸，呼吸狀況也更為深且長。

由於感覺是一種身體性的語言，反應需要一點時間，這使得在溝通的時候，他們在說話與互動反應上需要更長的時間。

在你觀察出對方的優勢感官後，溝通對話時，你就要知道如何呼應對方的優勢感官，比方與「**視覺優勢**」的人互動時，你就要像他一樣用畫面來思考，如此也才能理解他的內在畫面，這時我們還可以多用視覺方面的名詞、形容詞、副詞，並且說話速度可以快一點，以同步他說話的節奏。

如果是「**聽覺優勢**」的人，就要注意他說話的聲音跟節奏，觀察他的換氣，然後多用聽覺的名詞、形容詞、副詞，說話速度與面對「視覺優勢」的人不同，要稍微慢一點，同時注意說話的抑揚頓挫，還有最重要的，盡量條列式的說明，如果能明列出「重點1、重點2……」，會是受歡迎的表達方式。

至於「**感覺優勢**」的人，在溝通互動時，我們得讓自己的速度完全地慢下來，用腹式呼吸來放慢速度與狀態，可以的話，透過溝通，經過允許，恰當的碰觸身體可被碰觸的位置，將能增加你們之間的親和感。建議，多用感覺的名詞、形容詞、副詞，同時試著體會他所說的感覺並回饋你的感覺，能如此，你將成為最受歡迎的人。

優勢感官綜合性建議

我們了解優勢感官的目的，不是要告訴自己或在認識他人時，認為我是視覺形型的，他是聽覺型的，或是你是感覺型的，這樣固著於標籤化是會限制了你的能力，也局限了我們對自己與他人的理解。事實上，

簡易感官優勢的認識和區分，是為了擴展我們的經驗，以多一些可用的資訊來了解別人，並獲得親和感。

　　一般來說，一個人的感官應用是綜合的，以下我提供兩個練習，好幫助你更有彈性的擴展自己。

練習一：了解不同優勢感官者的內在世界。

　　找到三個不同優勢感官者（視覺、聽覺、感覺），訪問他們，記下紀錄。你再試著模仿他們的經驗，如果有疑惑，就請教他們，澄清你不清楚的地方。

練習二：擴展練習。

　　每週找一天，給自己一個時段，也許兩個小時，告訴自己：「這是視覺（五感經驗擇一）的練習時間，這得個時段我要把注意力放在視覺及視覺的次感元上。」

　　記得，這是視覺、聽覺、觸覺、味覺、嗅覺等五感經驗輪流的練習，熟練它，將能擴展你的內在經驗地圖。

　　此外，我們也能夠透過眼球移動的方向，來找出五感的線索，如右頁圖七。

　　這裡要補充說明，眼球的視覺線索可能會受限於話題，例如我們提到旅遊時的經驗，大多數是視覺的，較少會提到聲音和感受，因此這時眼球的移動頻率不適宜用來推估出對方的優勢感官。

眼球的五感線索		
視覺線索	如果你觀察人們說話，當他想像畫面的時候，眼球會自動往水平線的上方左右移動。 所以，視覺在水平線以上區域活動，代表他正在使用視覺回想或編織訊息。	
聽覺線索	當人們傾聽的時候，或在搜尋文字做表達的時候，或在心中尋找音樂的旋律時，人們的眼球會在水平線左右移動。	
感覺及自言自語的線索	當人們沉浸在某種情緒、感覺或是跟自己內在對話時，他會把眼球放在左下方或右下方。	

圖七 眼球的五感線索

還有，如果想要用眼球找出線索，必須經過觀察、校準當事人的模式，像是眼球的左右移動仍有其精細分類，沒有校準就依憑參考，容易造成誤解。

同步對方的內在決策策略

回想某次你自己去購物的經驗，想一想，當時你如何買下該件物品的過程。

你已計畫好要去購買這件物品的？

還是，一時衝動購買的？

是什麼啟動了你想要購買它的念頭（或衝動）？（即T.O.T.E.模式的第一個Test引發）

　　你從開始到購買是怎樣的過程（指一連串的視覺、聽覺、觸覺、嗅覺、味覺的順序流程）？（即Test ⟷ Operate往復的操作過程）

　　最後，你怎麼知道這件物品就是你要的？（T.O.T.E.的驗證標準，符合就購買，然後結束流程，不合乎驗證標準就繼續Test ⟷ Operate往復的操作過程）

　　以上，我們稱之為NLP的決策策略。

　　在上課的時候，我常常用這樣方式來導出一個人的購物策略，並據此猜測他是如何選擇伴侶的，而被猜測的人會突然覺察到，他的購物策略跟選伴侶的策略有著驚人的相似之處。

　　原因無他，我們的決策策略大概都只有一個到兩個，一個是主要策略，另一個則是萬一不能使用主要策略時的輔助策略。

　　例如，有一次我在上課的時候，提到自己一個人去餐廳吃飯的點菜策略。

　　在進餐廳之前，我就會先衡量餐廳的價格是不是我要的（即外在視覺比對內在標準）。

　　於是，價錢之於我是重要的驗證標準，如果我們不先把這個驗證標準安排在決策策略的前面，而只是找到喜歡的，卻在此時才發現自己負擔不了，這時會讓人感到沮喪的。

　　確定價格是我要的標準，我就會把所有的菜單看一遍（外在視覺），然後邊看邊想像這道菜的味道（內在視覺跟味覺），喜歡的留下，不喜歡的剔除（感覺核對）。

在把所有的菜單看一遍之後，我會再用剔除法，把留下的菜依前面的策略再刪減一遍，而這時我仍有一個驗證標準，就是「我能吃多少？」那是因為我常常被味覺的渴望壓倒理智線，導致點過多的菜啊！

不過，有時候這樣點菜真的花太多時間了，因此若趕時間，我就會用輔助策略——直接點個餐廳裡的招牌餐就好。

還記得，在我說完自己的點菜策略後，有位上課夥伴表示：「這真太麻煩了。」他說一向不看完菜單就把菜點好了。

我就問他：「那你會在買東西的時候看完型錄嗎？」

他回答：「我通常一本型錄翻不到三分之一就決定好了。」

我忍不住好奇，笑著問他：「那你有沒有曾經在事後感到後悔？」

他說：「有。」

我帶點同情的跟他說：「你知道，你買東西的決策策略，同時也會使用在擇偶上嗎？」然後，我繼續跟他核實：「你選伴侶的時候，是不是也沒有看太多就決定了？」

他想了想說：「是。」

然後，接下來我就不敢多問了。

簡單講，要導出一個人的內在策略對NLP執行者是一件挑戰，它需要執行者用一種「我對你一無所知的好奇」，盡量少用腦補方式以及自己的知識背景，去強塞自己的觀察跟推測。

對於來訪者的內在地圖，我們至少要能知道，什麼是我們觀察到的，什麼又是我們推測的。因為，透過「策略的導出」會放慢整個策略過程，讓來訪者陷入一種恍惚，一不小心「策略的導出」很可能會成為變動意識狀態中的「策略的植入」。

例如：來訪者說我在看型錄。帶領者應該說的是「然後呢」？之後就靜待對方的回應。來訪者本來的行動都是非意識的，在放慢回想自己的內在與外在行為，就處在意識的變動狀態（這是催眠的定義之一）。

如果帶領者這時候說：「看著型錄，然後想到什麼？」這是暗示他開始想，就變成誘導式植入暗示，而不是導出。所以，我們正確導出一個人的決策策略之後，只要去呼應對方的策略順序，他就很容易下決策了。

再以我找餐廳與點菜的案例來說明。

如果我對擁有我的點菜策略的人這樣說：「你已經核可這個價錢（第一關的價錢核對），也看到所有的菜單資訊（外在視覺），並且也於內在比對過了（內在視覺與味覺比對），再經過一連串的刪除不要的，我想你應該已經做了很好的決定。」

而對於那個菜單從不翻完的夥伴來說，是：「你已經有了足夠的訊息讓自己做決策，你可以趕快決定，然後就可以放心去做別的事了。」

這些話，足以使他更快的下決策跟你說 YES！

當然，不管你的策略方式為何，也不管上述哪一個案例，我們都會覺得「你說的對！」，因為這就是 NLP 建立親和感與關係的心法：「同步、同步、同步，然後才開始引導。」

從「我」的角度
跨入人際間的角度

　　前面談到的親和感，大部分都是用第一代NLP的技術，主視角是從「我」的角度出發，即使是「新行為產生法」的借位思考，目的仍是模仿對方的卓越，而不是完全的理解對方。

　　也就是說，在第一代的NLP技術，雖然當中有「我」有「你」，但是就只有「我」的視角，我看見的你是「我要模仿的對象」，即我是要模仿進入你的狀態，但是我們並沒有從模擬對象的視角來觀看世界，因此，在溝通的時候就容易產生問題。

　　之所以會造成溝通的鴻溝，是因為「我對你現有的內在知識不能理解」，那「我就無法借用你原有的概念與內在知識」，來說明我想跟你溝通的內容，簡單來講，就是我們沒有辦法真的懂得對方。

　　尤其在衝突發生的時候，我們很需要從自己角度的需求跨進對方角度的需求，以找出我們的共同點，或者說是彼此可以互相支持的地方。

　　所幸，一代代的NLP持續進展，慢慢地找出了方法，讓我們能將「我的需求」重點轉向「我看見了彼此共同點」，以及可以互相支持的地方，並且得以尋求兩個人之間可以最大化的利益。

　　所以，NLP的技術確實可以用來作更有效率的學習與談判。

全新視角的轉換

當NLP進入人際關係領域的時候，我們說的不再只是「你」、「我」、「他」，而是「我們」。「我們」包含了「你」和「他」，這個包含要超越「我的視角」，去進入「你的視角」和「他的視角」，唯有如此，我們才能做到真正的同理。

就像我們熟悉的「試穿對方的鞋子」這個同理心的隱喻，在NLP的領域它是一個真實且實際的行動。接下來，我要開始介紹，NLP怎麼利用你、我、他的視角，幫助我們練習轉換知覺的角度，並且創造「我們」的方法。

所以，我們要開始談談三位人稱的知覺角度。

所謂的三位人稱的知覺角度，指的就是你、我、他三個不同的視角，儘管我們知道這幾個不同的知覺角度，但是卻鮮少知道，我們自己常常沒有純粹的知覺角度。這意思是，當我在「我的角度」時，卻想著你的看法；當我試著換第二人稱的角度（對方的立場），卻一直不能忘記我的利益，這就是沒有純粹的知覺角度。

而NLP又稱這個為「知覺角度的校準」，它是出自康尼瑞兒・安祖（Connirae Andreas）。

比方，有人向你借錢，或是要你做一件你很抗拒做的事，可是最後你仍然答應了。

這時，你的經驗是什麼？或許這個人跟你借錢，而你知道他可能欠缺還錢的能力；或者當他請你幫他做一件很為難的事情，而你也答應了。

本來，從你的角度來說應該要拒絕的，可是你卻沒有拒絕，這裡面

除了信念的影響之外，最主要的原因是你當下沒有站在自己的角度，堅定的考量自己；反而是你想像了他的處境，感受了他的感受，這導致你失去了自己的立場。

而我們常拒絕溝通的主要原因，正是因為害怕失去自己的立場。例如：親朋好友轉換跑道，去從事直銷或保險工作時，我們就會選擇迴避見面，不是嗎？

相似的，即使我們說要進入對方的立場思考，但是我們一直帶著自己的核心利益，我們就沒辦法真的從對方的立場來思考他的感覺。例如：我想體諒我的孩子，可是，萬一寵壞他怎麼辦？

而當我們進入第三者的立場時，我們也沒有真的進入第三者的超然立場，反而帶著自己的害怕，或者第二人稱的害怕時，就會看不見「我和你」這個從旁觀者的角度看見的互動系統[2]。

在開始三位人稱活動前，我需要你反省一下，你有純粹的三位人稱角度嗎？

我們用羅伯特・迪爾茨研究的「如何複製卓越的客服人員」時發現的例子來說明，什麼是純粹的三位人稱角度：「作為一家被您信任的公司（你買了我們的商品），我們的員工一直是兢兢業業的工作（維護公司聲譽，我們的立場），但是，您知道，有的時候雖然大家都很努力，但是

2　互動系統
　這系統指的是超過兩個物件形成的集合體，一方的反應會引起另一方的反應，彼此相互影響，因此系統裡沒有因果關係，它是一個持續進行的過程，所有的「果」都變成新的「因」。而任何你跟我的利益與立場（我們統稱為濾鏡），都會使我們有所期待，而阻礙了我們看見事物的真實呈現。

壞事還是會發生（這是意外，即第三者的角度）。我想當下我能做的，就是傾聽您的需求，解決您的困擾（轉移焦點）。您希望我可以怎麼幫助您（從被指責者變成提供協助者）？」

　　另一個例子是羅伯特‧迪爾茨在研究複製卓越的時候，找了印度聖雄甘地作為研究對象，他說，甘地在與英國總督談判時，總是會預做準備，他會拿著拐杖，模仿英國總督走路與說話的樣子，他認為藉由這樣的完全模仿，才能夠了解英國總督的想法，也才能想出更好的談判方法。

溝通關係中的基本感知位置

　　羅伯特‧迪爾茨認為，三位人稱的知覺角度及意義如下。

　　第一人稱位置：

　　與你自己的觀點、信念和假設相關，透過自己的眼睛看待外部世界——「**我**」**的位置。這也是我們的激情和承諾的出處。**

　　第二人稱位置：

　　與他人的觀點、信念和假設相關，透過他人的眼睛看待外部世界——「**你**」**的位置。這讓我們之所以會有同情心與同理心。**

　　第三人稱位置：

　　與自己之間的關係以外的觀點相關，和另一個人——「**他**」**的位置。這是我們得以擁有智慧和公平的原因。**

第四人稱位置：

與整個系統關聯的位置——「**我們的位置**」。這是一個超然的位置，**提供我們與外在世界的連接和歸屬。**

三位人稱的知覺角度練習

進行練習時，注意「知覺角度校準」後的覺察，請在第一人稱的「我」、第二人稱的「你」、第三人稱客觀角度的「他」這三個位置上時，都要維持單一立場。

這個練習適用於職場、朋友、伴侶或親子之間的衝突，和其他 NLP 技術不同的地方，是這個技術的目的不在解決問題，而是幫助來訪者了解、浸染在衝突的問題中，好幫助他可以了解問題的本質與結構，記得：「問題不是問題，你怎麼看待問題才是真正的問題。」

現在，我們開始來做「**三位人稱的知覺**」練習，以下為練習腳本（腳本源自王輔天神父）：

步驟一：確認衝突情境，請想到一個自己與他人發生衝突（或意見不一）的具體經驗。

步驟二：這個步驟是將來訪者帶入第一人稱「我」的位置。

①——進入第一人稱的位置：「當你想到這個經驗時，你看到什麼？你是只看到對方，還是同時看到自己和對方？如果你同時已看到自己和對方了，請你進入自己的身體。」

②——以第一人稱的經驗：「請從你自己的立場再一次經歷這個經驗。從你的眼睛觀看這個經驗發生時的景象，你看到什麼呢……從你的耳朵聽，聽到這個經驗的過程中所有的聲音，你聽到什麼呢……請你覺察你的身體，身體有有沒什麼反應呢……有些什麼感覺呢……請你覺察，從你自己的立場所能覺察到的一切資訊。」

最後：「請你將這個經驗倒回到衝突事件一開始的時候，然後將它暫停在這裡。」

步驟三：這個步驟是將來訪者帶入第二人稱的角度。

①——研究對方：「請繼續將這個經驗暫停在一開始的時候。現在，請觀看你對面的人，注意他的呼吸、他的臉部表情、他的姿勢、他的動作、他說話的樣子……他說話的速度、音調、音量，以及所有他的肢體語言……你也可以回想，過去你和這個人相處的經驗，他的好惡、他的態度、他的過去……所有你所知道……影響他之所以成為他的一切。」

②——邀請進入第二人稱的位置：「現在，請你往上飄浮，離開你的身體，到對方的身後。也許你可以從他的肩膀看過去，這樣，你可以開始看到他所看到的，聽到他所聽到的。」

「現在，請你揣測模仿對方的好惡態度，這樣的好惡態度，過去的人，我是一個具有。同時告訴自己：『我是一個有這樣特性的人』。」

「現在，請你做個深呼吸……然後進入對方的身體，仿照他的呼吸、臉部表情、姿勢、動作、說話的樣子、說話的速度、音調、音量，和他所有的肢體語言……請你完完全全的成為這個人。」

③——用第二人稱的經驗：「現在，請你從這個立場（位置）再一次經歷這個經驗。從這個立場你看到什麼……聽到什麼……對面的　（探索者的名字）　的臉部表情、姿勢、動作是怎樣的？對面的　（探索者的名字）　說話的速度、音調，音量是怎樣的……現在，你有什麼感覺？在你們兩個人的互動中，你想要什麼……你有什麼希望……你的正向意圖是什麼？你想要如何處理這個狀況呢？去覺察到一切資訊。你害怕什麼……請你也從這裡去察覺到它。」

步驟四：這個步驟是將來訪者帶入第三人稱的角度。

①——進入第三人稱的位置：「現在，請你做個深呼吸，將這個人的一切留給他……然後往上飄浮，離開這個人的身體，到一個你可以清楚地看到那個　（探索者的名字）　和對方的位置。在這個位置上，你和他們兩個人的距離是均等的，而你看他們兩個人的視線都是水平的。」

②——用第三人稱的經驗：「現在，請從這個觀察者的立場再一次經歷這個經驗。從這個角度立場，你看到什麼……你聽到什麼……請你注意他們兩個人的互動，要特別留意一方的行為如何引起另一方的反應和感覺……請你覺察，從這個觀察者的立場能覺察到的一切資訊……當你觀察著這兩個人之間的互動時，你有什麼感覺？」

步驟五：綜合三個知覺角度的學習。

①——回到第一人稱的位置：「現在，請你離開觀察者的位置，回到自己的身體裡。」

②——讓新的學習帶來變化：「你在經歷了三種不同立場之後，有了一些新的學習。現在，請你再回想這個事件，你的觀點、感受有什麼變化？」

這便是「三位人稱的知覺角度技術」，其目的並非解決你正在發生的問題，而是要擴展你的知覺與內在地圖，以期能讓我們從更大、更完整的角度去認識問題本身，如此一來，我們也才有辦法更全面地得到整體性的考量。

特別是從第三人稱的旁觀者角色中，提醒著：「請你注意他們兩個人的互動，特別留意一方的行為如何引起另一方的反應或感覺……」這個提醒讓我們知道，「我」跟「你」是一個系統，因此無法把過錯全然歸在對方身上的，這也促使我們不再去尋求過去的歸因與意義，而著眼在「我還可以做些什麼，好幫助我得到我想要的」。

因此，在做完三位人稱的知覺角度練習後，我們開始來到旁觀者的立場，也得以抽離在第一人稱的情緒跟內在衝突，並且能夠真正的得到你想要的智慧。

「第三人稱」可以得到智慧的技術，我們還可以透過兩個概念來說明，一個是，從自己抽離，然後融入特定身分以幫助我們創造更多可能的「迪士尼策略」，這可以說是「新行為產生法」的進化版，它讓我們不是只能模仿一個典範，而是可以模仿三個特定象徵的典範。

另一個概念則是帶著我們從第三人稱來到超然的位置，是一個超越「三位人稱」進入「場域、系統」的概念，也就是說我們可以透過「場域、

系統」看自己跟他人的互動，以幫助我們發現自己的投射與陰影，這方法我們稱它為「後設鏡技術」。

迪士尼策略（Disney Strategy）

羅伯特・迪爾茨在複製卓越的成功人士中，有一位正是創造迪士尼王國的迪士尼先生，雖然他去研究迪士尼的時候，迪士尼先生已經過世了，不過羅伯特・迪爾茨仍能藉由書面資料去聚焦，之後他則訪問迪士尼工作室的員工，那些曾經跟迪士尼先生一起工作過的老員工。

老員工們說：「你永遠不知道，今天早上走進工作室的是哪一個迪士尼先生？」

羅伯特・迪爾茨問：「這句話是什麼意思？」

老員工說：「有時，迪士尼先生明明前一個晚上跟我們構思夢想，夢想也引起彼此間許多的熱情跟夢想，大家都興奮地談到深夜，然後約定明天早上再繼續。沒想到第二天早上，迪士尼先生一進來，卻潑了一桶冷水，告訴你這行不通，那行也不通。」

「有的時候，他又很務實的會想出折衷的辦法。」老員工又說。

羅伯特・迪爾茨整理完背景資料後，他就意識到，迪士尼先生是用了三個不同的身分在創造新事物：一是帶著熱情與天馬行空的想像「夢想家」；二是帶著批判的角度，要你回到現實的「評論家」；三是能折衝

前兩者，也能促進想像並顧及現實的「實業家」，是讓人能夠在夢想與現實之間找到擴大的空間。

據此，羅伯特‧迪爾茨創造出了「迪士尼策略」，這個策略是從夢想帶領開始，夢想的熱情是這個策略中不能熄滅的火種，所以，在進行中如果發現來訪者逐漸失去熱情了，一定要再帶領他回到「夢想家」的位置。

至於「評論家」，絕不是毒舌派或人身攻擊的行為，他是用於提醒所有人，眼前實實在在的現實面是什麼。而「實業家」則是幫助現實擴展，以確保我們能保留最多理想的角色。

「迪士尼策略」技術腳本

步驟一：在地上指出夢想者、實現者、評論者的三個位置。

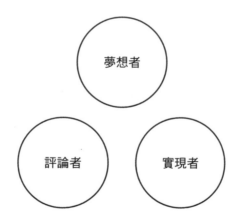

步驟二：設定各個位置的意義與功能。

①──「請想到一個過去的經驗，而且你在這個經驗裡充滿創造力，也總是能想到很多新的點子。」

「想到之後，請踏入夢想者的位置。」

踏入夢想者的位置：「請進入這個經驗，再一次身歷其境地活這個經驗……用自己的眼睛看……用自己的耳朵聽……用自己的身體去感受。」（感官測量）

②──「請你想到一個過去的經驗，在這個經驗裡，你可以很踏實的想到一些行動計畫去實現構想。」

「想到之後，請你踏入實現者的位置。」

踏入實現者的位置時：「請你進入這個經驗，再一次身歷其境地活這個經驗……用自己的眼睛看……用自己的耳朵聽……用自己的身體去感受。」（感官測量）

③──「請你想到一個過去的經驗，在這個經驗裡，你能很有建設性的批評一個計畫，換句話說，這個批評讓你不只能找出問題，同時也能提供正向而且有建議性的評語。」

「想到之後，請你踏入評論者的位置。」

踏入評論者的位置：「請你進入這個經驗，再一次身歷其境地活這個經驗計畫，用自己的眼睛看計畫，用自己的耳朵聽計畫，用自己的身體去感受。」（感官測量）

步驟三：運用夢想者，讓行動計畫充滿創造力。

「請你選擇一個想要達成的目標，然後請你踏入夢想者的位置。現

在，請看到自己正在達成……這時的你就好像正在看一部自己主演的電影一樣，隨著劇情發展，你看到自己正一步一步的達到目標……一步一步的……請給自己充份的時間去進行這個過程，讓自己天馬行空地……自由的……去夢想吧！」

這裡我補充說明一下，如果來訪者回想經驗時出現困難，執行師可以用下列方法之一來引導：

- ──請來訪者從自己過去的歷史中找到一個與目標類似的成功經驗。
- ──請主角想到一個已經可以成功達成這個目標的模範。
- ──將達成目標的過程打散處理。
- ──將目標化為比喻。

步驟四：運用實現者使行動計畫實現。

「請你踏入實現者的位置，觀看你夢想創造的行動計畫，看看整個行動計畫是否是可行的，或是有那些地方需要修改。」

步驟五：運用評論者讓行動計畫能更完整。

「請你踏入評論者的位置，看看這個行動計畫還缺乏什麼，或是還需要什麼。」

步驟六：運用從實現者與評論者那裡得到的資料，來修改夢想者原有的行動計畫。

「請你離開評論者的心態，帶著從實現者與評論者所得到的資料，

踏入夢想者的位置。在夢想者的位置上，請你根據這個資料修改行動計畫。」

步驟七：潤飾行動計畫。

請重複步驟四、五、六，直到夢想者、實現者、評論者三方對行動計畫都感到滿意為止。

這個與「三位人稱的知覺角度」練習一樣，都是一個知覺的擴展，讓人能更全面地浸潤在理想與現實的地圖中，進而讓我們找到夢想可以被實現的方法。

想讓活動更為有趣，你可以在夢想者、實現者、評論者這三個點，安插進你欣賞的典範人物，讓他們成為你想像的顧問，如此一來，你是不是覺得更有趣呢？

這就是「迪士尼策略」加「新行為產生法」的練習，你可以在夢想家、批評家、實業家的位置各安排一位你欣賞的顧問，他們可以是古今中外的真實人物，也可以是書上或電視、電影的虛擬人物，簡單講，只要讓你的內在有一個鮮明的形象，你就可以透過借位思考，突破個人的框架了。而借助這些顧問們的最佳時機，就是當你在各個位置上感到無法突破時，你就可以想像他就站在你的旁邊，扶持著你，這時你就能向該位置上的專屬顧問提問，問問他會怎麼做，相信你很快就能找到突破的方向了。

NLP可以說是大人玩的組合玩具，只要你懂得背後的概念，任何人都能用這些工具組合，為自己處理更多的問題。

後設鏡技術（Meta Mirror）

再來，我要繼續說明「後設鏡技術」，這個技術是從「你、我、他」再抽離，然後進入「場域空間」以回頭觀看整個系統，透過這個技術，我們知道「**我與他人的關係，反映了我與自己的關係**」。

有的時候即使做了三位人稱的知覺角度練習，仍不見太大的幫助，比方在家庭或職場中繼續發生的指責，之所以如此，很可能是因為我們把自己內在部分的衝突，投射到我們生活的世界了。所以真正困擾我們的，不是「我跟對方的關係」，而是「我跟自己的關係」。

例如，當伴侶說「你跟你爸／你媽都同一個樣子」時，你聽了氣的半死，盡全力地駁斥，都要證明你和他們不一樣的地方，而這個動作正說明了我們「看不見自己的行為」，於是就算行為相似，我們心裡仍要證明自己跟他們有著天壤之別。

在這個時候，我們就需要「後設鏡技術」來照見自己的問題，「後設鏡」用於承認這樣一個事實，即我們與他人溝通最困難的地方，便是我與自己關係的鏡像，換言之，問題以及要解決的根源並不在其他人，而是我們自己。

心理學家榮格曾指出：「我們經常將自己不接受的東西（我們自己的影子）投射到別人身上。」

「我們與他人的關係反映我們與自己的關係」，如同一面鏡子的相互

對照般，知道這個原理後，如果你能退一步觀看，知道你所看見的他人身上的問題，原來是你與自己內在關係的反映，那麼你就有機會重新建構這個系統，讓我們得到自己的支持。

當系統能重新建構，通常也就會改變了你與他人的關係。

這個技術有個重點，「後設鏡」是從困難的關係開始，比方面對一個特定的人或是特定的族群時，讓你有各種各樣的溝通困難。

因此，一開始選題時，我們要找的挑戰經驗是，某個你認為是問題之所在的人，那個人也可能是我們很愛的人，只是在我們要挑戰的經驗中，當下他好似變成另一個人，不再像我們很愛的他。

這時我們想要探索的是，什麼使得那個人變得這麼難以溝通，或是什麼讓事情變得如此困難。下面，我們透過一系列的關係系統圖來說明與探索。

如圖七的非支撐關係圖所示，一開始是他跟我的關係，而我們的問

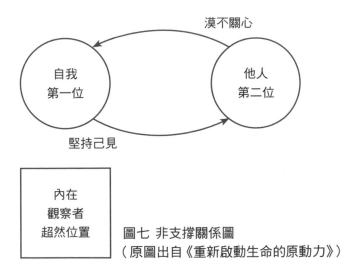

圖七 非支撐關係圖
（原圖出自《重新啟動生命的原動力》）

題在於他對我的提議漠不關心，只是，我對自己的想法卻變得更堅定了。

然後，我退到第三人稱的觀察者位置，先去體驗他的漠不關心，並建立一個循環模型，以供備用。

再來，如圖八的整個關係系統圖所示，我們要看一看，是不是在我們自己的動力中也正進行著同樣的事情？

「內在觀察者」的第三者位置也可能對第一位置的自己帶有攻擊性，可是我也要先說，這不一定是同一種形式，不過能量基本上會是類似的。

所以，我們得退到第四位置，這也是後設的位置（Meta Position），從這個超然的位置觀察整個系統，讓我們可以看見，「內在的我」認為「外在的我」所做的一切，是不可能對這個人產生任何影響。

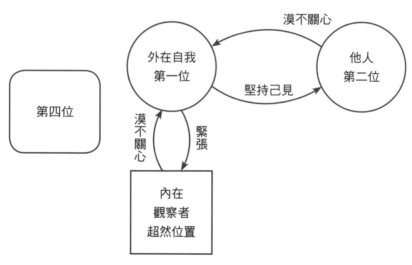

圖八 整個關係系統圖
（原圖出自《重新啟動生命的原動力》）

事實上，你對自己的態度，在某種程度上正是他對你的態度，因為內在的你同樣對你受限於這段關係感到漠不關心，那是因為「我」並沒有積極的想改變我們的關係。

　　這個過程被稱為「後設鏡」，我們看見的問題，不光是在對方或是我對他的態度，還包括了介於兩個「我」之間的系統，而這也是整個系統運作的重要部分之一。

　　如圖八表示的，有時候我們也會攻擊自己沒有那麼努力的部分以及漠不關心的時候，同時它對這個緊張的部分往往也是懶得回應。

　　對整個關係系統有了一個初步了解之後，我們來到「非支撐關係中調換知覺位置」圖，從圖九中，我們可以看到這個動態是如何發生的，而這就是我們說的關係分子。

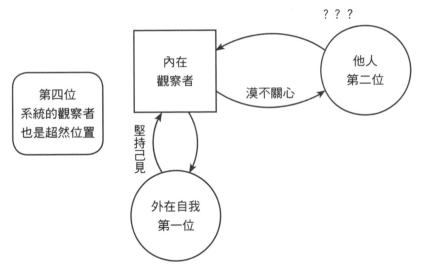

圖九 非支撐關係中調換知覺位置
（原圖出自《重新啟動生命的原動力》）

如果你把第一位「外在的你」和「內在後設位置的你」調換，變成是你對他人漠不關心，同時對自己的價值十分堅持，還可以這麼說，也許我們對與自我有關的價值越堅持，我們對待他人的行為就會更具創造力。

簡單的說就是，問題出自我們的陰影，因為我們把自己的害怕投射到對方身上，因而使我們看不清也做不到理性的處理人際關係，但透過反射鏡技術，可以讓我們看見自己投射的陰影。

最後來到「全新功能的支撐系統」，如圖十，我們要進一步思考，自己想跟他們有什麼樣的關係？

如果我們想要使對方成為一個誠懇且比較可靠的人，那麼我們就要

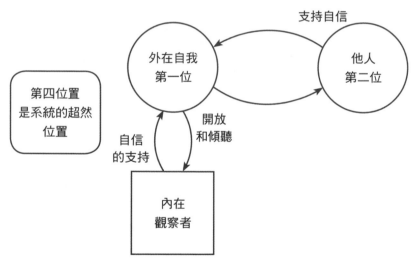

圖十 全新功能的支撐系統圖
（原圖出自《重新啟動生命的原動力》）

進入第二人稱位置的他，去體驗、感受他的世界觀。

那麼，在進入對方的視角之後，你有什麼看見？有察覺到是什麼可以讓他成為比較誠懇和比較可靠的人？

如果，得到的答案是自信。

再來就要請你走出這個系統，去到第四位的位置。

完成以上系統整理後，我要請你注意一件很重要的事。

假設你能給這個人信心，即你的行為讓他產生自信，他是應該會成為比較可靠的人，可是這會產生一個問題，你要怎麼做，才能既讓他有自信，而你又能不放棄自己原有的價值？

很簡單，只要能做到「**敞開心胸**」和「**傾聽**」就可以了。

當我們支持對方產生自信的同時，把那個資源帶到你內心觀察者的位置，也把那個資源帶到你自己的第一個位置，讓它在你的內心遊戲中，之後就會發生了變化，讓外在的互動變得可能了，而這個「可能」就是「我能夠更開放地傾聽他人」，因為「我有了來自於自己的支持」。

最後也因為「我改變了跟自我的關係」，進而「改變了我與別人的互動關係」。

理解整個系統運作之後，讀者可以翻閱至附錄（第297頁），依「後設鏡像過程」的腳本步驟來練習。

NLP 筆記

從整合與超越自我

我是誰？
只有連接上更大的存在，人才能找到答案。

——唐道德——

「分裂」是一種的本能

　　在準備進入最重要的NLP整合自我之前，我要先從「分裂」說起，「分裂」與「整合」是一體兩面，它們就像陰、陽一樣同時存在。

　　說到自我整合，是我們在社會化之後所擁有的信念，它其實也是某種社會規範，因此提到整合、統整，多數人都會覺得自己懂得這個概念。但事實上，許多人對於跟整合這個並存的對立面——「分裂」，都是一知半解，或根本並不了解。而這也使得我們不只做不好「整合」，也做不好「分裂」。

　　基於這個原因，我想先花點時間跟大家談談什麼是「分裂」。

　　誠如我在教授催眠時，經常提到的艾瑞克森所說的這句話：「哪裡有分裂，哪裡就有催眠。」

　　最早的心理學就是一個分裂的過程，那時佛洛伊德先是把一個人的內在（外在、內在的區分就是一個分裂）變成意識與潛意識（即內在的再分裂），就這樣，他在每一個試圖弄得清楚的地方都再做了一次「分裂」。

　　這麼說吧，「分裂」是人的本能，因為我們都是從一顆受精卵開始分裂，最終變成為一個人。因此，分裂不是不好的事，回到生命本身，身體的細胞分裂成各個不同的部分，於是我們有了臟器來維生，有了大腦幫助我們思考，還有了四肢來協助我們展現個人的意志，這一切都是因分裂而生。生理上，我們更是靠分裂分工，讓生命個體變得更好。

同樣的，在心理上，我們也是靠「分裂」達成有效率的生活。

　　比方，我們把生活切成種種不同的面向，以方便我們不假思索地做出正確的反應。於是，我們會看到你工作時一個樣子、教養子女時一個樣子、跟朋友相處時一個樣子、面對下屬也一個樣子，或是對上司又是另一個樣子等等。

　　簡單來講，同樣的事情發生，在不同的生活面向中，我們會依靠潛意識自動做出合適的反應，有時候甚至不需要思考，就會自然給出各式各樣的反應，而這便是我之前提到的，我們是靠著這像是自動駕駛一樣的方式，來達成有效率的「刺激─反應」生活。

　　只是，為了得到有效率的生活，我們把生活切成了種種不同面向之後，我們也把自己弄得碎片化了。於是，我們與朋友能夠自在、隨意的互動反應，卻總是無法帶入開拓新客戶、想追求的對象、跟老闆要求加薪……等場景中。

　　因此，NLP 提出了前提假設：**「你自己就擁有你所需要的資源。」**我們相信，你可以藉由自己曾經有過的類似經驗，來解決眼前的問題。如果你認為沒有，我們也可以藉由 NLP 各種巧妙機制，例如用「新行為產生法」，來調動你大腦中早就建立的典範模式，讓大家知道，我們可以從「即使知道做不到，但是你心中的典範可以做到」開始，巧妙避開我們認為的自己辦不到的信念，開始想像「可以做到的事」，然後我們也就能進入預演狀態，讓不可能慢慢地變成可能！

　　有注意到嗎？

　　「知道你做不到，但是你心中的典範可以做到」這一段話，不正是一種分裂。

透過這一句話，我們同理了他認為自己做不到的部分，接著告訴他：「你也有一個『想做到』的部分，去邀請這個『想做到』的部分，讓我們一起來工作（指一起去完成你想做到的事）。」最後，就是之前的練習中我們常做的步驟：「把自己帶入場景中，想像自己就在做這件事，再把找到的所有資源，整合進你的身體裡。」而這就是從「分裂」到「整合」的過程。

事實上，抽離是一種分裂，三位人稱也是一種分裂，我們幾乎可以這樣說，先分裂再整合，一直是我們生活中重複出現的模式。也因此，在教練干預或心理治療裡，我們同時都會使用「分裂」跟「整合」的手段。

我想到一個故事，也許它可以幫助大家，從生活中認識我們做這些事（分裂、整合）的內在結構。

這是一位朋友分享去上了正念課後的感想：

他說，在課堂上感覺自己得到了身心的安頓，面對未來，也有了生活安頓的願景，每一次他都覺得收穫滿滿，回家後也很勤於練習。

然而，一切看似美好，卻在一陣子之後，他卻突然變得不快樂了？

我好奇地問他：「不是很滿意這次的學習，怎麼會不快樂？」

他告訴我：「老師跟我說，你學了這些有用的學問，一定要整合進你的生活。可是我發現我做不到，每當事情很急的時候，我都做不到上課學到的，會回到舊的模式中，然後我就開始自責，覺得自己不夠好。」

事實上，朋友的情況並不是單一個案，而且那跟正念無關，就我的發現，不管任何一種學習，最後許多人都會遇到相似的情況。那是因為，我們總是懷有期待，希望有一個一致性的自我，所以你才會去翻開各種

身心靈的書，或學習各式成長課程，為著的正是它們所標榜的——能幫助你，找到你自己。

透過這些方法，我們確實朝向一致性的自我，但這些找到更好自己的過程，本質上也都是在分裂自我。

好像有點複雜是嗎？

好，我來簡單說明，那是因為所有學習的背後存在一個結構：「之所以有動力要學習，一定是因為我們進入了『有知無能』的領域。」也就是「覺得自己不夠好，我想變得更好」的情況，這就是把自己分裂成「一個現在不夠好的自己」跟「一個驅策自己成為更好的自己」，為了這個目標，驅動我們願意犧牲時間與金錢，讓我們變成更好的自己。

所以，「先分裂—再整合」看似專屬於技術上的干預手段，其實這模式早就存在於我們的生活中。

回到朋友分享的情況，在學習場域，我們不用面對早已被碎片化的自動駕駛反應，因為學習場域是單一的情境。可是回到生活中，我們要把所學帶到家庭領域、工作領域時，你原有固化的「刺激—反應」就會啟動，讓人碰觸到內在原本隱而不顯的信念，比方「我有需要對這個混帳這麼好嗎？」、「我照顧你的利益，誰來照顧我的利益？」、「憑什麼我要這樣犧牲？」等等，這些存於情緒反應背後的過去信念。

每個信念都與神經系統是有連結的，因此，當我們違反了自己的信念，或別人不小心觸碰到我們的信念，意識在還搞不清楚怎麼回事時，神經系統就會啟動，它們可能會驅動我們的胸口、胃或腹部，有時也會驅動我的喉嚨，引發這些部位的反應。

概念知道之後，就要整合這些分裂成種種不同面向的「刺激—反應」

部分自我，以及形成部分自我背後的信念，當然，這需要耐心，我們要了解其背後的正向意圖。也就是前面提到的「每個信念背後都有正向意圖」，如果忘記如何跟信念工作，請往回翻閱複習，不必灰心，因為遺忘本來也是生活的一部分，你只要再練習，重新記得就好。

如同我後來給這位好朋友的建議是：「不要急！你學到了好東西，在某些領域也都有很好的改變，或許有某些領域，你目前還沒有準備好要改變，這很正常，你不用覺得失敗氣餒，牢記你已經成功的部分就是。那些尚未準備好要改變的部分就暫時保留，自己隨時帶著覺察，它們會慢慢改變的。」這一段話裡，我就用了分裂——**「已經改變」跟「尚未準備好要改變」**，也提醒了整合的可能——要他帶著覺察、期待，走向整合之路。

相信你聽了也覺得言之成理，別懷疑，「先分裂—再整合」這本來就是你生活的模型，這也正是艾瑞克森催眠模式裡說的「自明之理」。

生活中的矛盾是如何發生的

很多時候，我們都想自由自在的做自己，但人是群居的動物，別人會希望你的反應是一致性的，因為，你能一致性的表現，他們就比較能夠推測你的反應，進而覺得比較安全且容易跟你在一起。

但很現實的是，這樣情境的背後，在某種程度上我們得放棄成為自己，好在群體中換取被認可的一份子。一旦我們做到了被認可，意味著我們自己創造了這兩極化的分裂，即「放棄自我」與「被群體認可」，自此，我們就會在其中擺盪不已。

一路談分裂與整合，也讓我們體認到以下幾點：

①──分裂與整合都是生活的事實。

②──勉強的整合會促使自我產生更多分裂。

③──分裂與整合是生活的陰和陽。

④──有陰有陽的流動才是生生不息的王道。

「分裂」跟「整合」是自我改變的一體兩面，這裡我花較多篇幅說明，希望能協助大家充分理解這個生活中的模式及其隱藏的背景知識，然後，我們就可以來談談NLP如何整合自我了。

經驗的邏輯層次（Logical levels）

羅伯特・迪爾茨與理查・班德勒的分水嶺

「觀察、建立模型、測試、修正」是NLP早期研發成員的日常，據了解，早期研發小組的關係真的非常緊密，然而隨著成員們各自開展事業，慢慢的，大家也開始有了意見上的分歧。

其中，我們熟悉的羅伯特・迪爾茨跟理查・班德勒二人的分水嶺，便是出現在羅伯特・迪爾茨的個人經驗中，那時他發現，不少NLP技術在演示當下是有效的，但是回到生活之後，卻是失去了效力。

這種情況肯定讓人困惑，由於NLP很實事求是，好比說，多數NLP

技術腳本最後一定都會有「面臨未來」這個步驟，中間流程也會出現像T.O.T.E.的檢驗標準步驟，在執行過程中，一旦效果不行，就得回到前面步驟重來，反覆確認或確保「改變」是有效的。

後來，羅伯特‧迪爾茨把這個情況歸因是：「技術如果牴觸了信念就無效！」

他會這麼歸因，是有其實證經驗的。當年，羅伯特‧迪爾茨的母親罹患癌症，醫師宣告她只剩下六個月的生命，於是羅伯特‧迪爾茨就運用了「語言」的魔力，透過信念來改變他母親的想法，後來她又活了好幾年，最終也不是死於癌症。

像這樣以信念來達到改變的可能，並不是羅伯特‧迪爾茨所獨有的看法，我們熟知的賽斯、山達基等相關身心靈產業，也都是這樣看待癌症康復的可能。在羅伯特‧迪爾茨運用「語言」工具處理信念之後，也有些發現：**概念、技術是能力層次的事，但無法凌駕在信念之上，唯訴諸自我的身分、系統或靈性才能被處理。**

只是羅伯特‧迪爾茨提出這不同見解，卻把次感元技術的奠基者理查‧班德勒給惹毛了，因為在理查‧班德勒的NLP世界裡，是連信念都可以用次感元技術直接改變的，因此，他極不認同後生小輩的羅伯特‧迪爾茨，竟然說信念會導致NLP技術無效？

所以，理查‧班德勒到現在都不承認有所謂的第三代NLP，即使如此，世界一樣繼續前進，改變也不會因他一人的不認同而停止，羅伯特‧迪爾茨、陶德‧愛普斯坦（Todd Epstein）跟茱蒂絲‧狄洛基爾（Judith Delozier）所創立的NLPU，仍是目前最具影響力且全球排名第一的NLP機構。

接下來，我就要來介紹，信念之上的自我認同與靈性，這些是羅伯特·迪爾茨借用自格雷戈里·貝特森（Gregory Bateson，以下皆用貝特森）系統概念所建立的——經驗的從屬等級（或又稱之為理解層次），以及經驗的從屬等級整合法（或又稱為理解層次貫穿法）。

就個人而言，我是到這幾年才認為這是非常重要的NLP技術，因為在此之前，我也一直覺得，技術上只須「次感元」跟「語言的魔力」就很夠用了，但隨著教學與實務經驗的累積，在授課時發現，確實越來越覺得有許多的不足，為了能充實自己並解決問題，我開始接觸身體經驗療法與多重迷走神經理論，期盼能幫助我在教練工作上的不足。

但有趣的是，我在身體療法課程遇到了卡關的人，他們在導向NLP或催眠時也卡在躁進引起的神經系統反撲，這不只導致治療沒有發生，甚至讓人變得更糟。

為何如此？

因為緩和的身體導向，使人貪戀在整合之後的成就與快感，進而他們就這麼卡在無窮無盡的過去事件中，卻忘了他們之所以來學習，是為了有一個更好的自己，讓自己能向前走。

史蒂芬·波吉斯說過，多重迷走神經理論是一個把神經科學與社會科學連結在一起的橋樑，身體經驗療法便是借用多重迷走神經理論，解釋他們在做什麼的。

類此角度，羅伯特·迪爾茨也有他的洞見，他說：「當我們愛上我們所設定的結果，我們內在的神經系統就會超越我們自己。」這個是很了不起的指向，跳脫個人範疇的限制，將信念引起的神經系統反應帶到比「我」更大的存在，如此，也就可以解決恐懼／害怕所引起的退縮／崩潰

的反應了。

　　舉個例子，什麼是「為母則強」，當一位母親為了保護自己的小孩，她可以跨越她原本被舊事件捆綁的神經系統，進入新的行為模組，又比方，面臨戰爭時，人們會超越死亡的陰影，從容赴義。

　　所以，如果「我可以不只是我自己」，而是能夠連結一個更大的存在的話呢？

　　那就是羅伯特‧迪爾茨說的：「當我們愛上我們所設定的結果，我們內在的神經系統就超越我們自己。」

　　於是在這個章節，我就要來介紹兩種連結更大的存在的NLP技術，一個是「從屬等級」，另一個是「看見場域」。

學習、改變的從屬等級（理解層次）

　　從屬等級是在一九八○年代中期，羅伯特‧迪爾茨將貝特森的行為科學的控制論與系統論，用來作為NLP中從屬等級的術語。當中指出：

● ──每個層級的功能是綜合組織和管理下個層級的互動。
● ──高層的改變必然會「輻射」到下層，然後在低層引起改變。
● ──低層的變化也可能影響上層，但不是必然。

層級對應表如圖十一。

以下，我將概述這些從屬等級與理解層次指的究竟是什麼。

環境層次──我的環境與外部的侷限
環境層次是我們所面臨的機遇與約束，我們必須對環境做出回應，

它也是我們的容器，是最具體、最可觀察、最可測量的也是穩定的，同時也是不斷變化的層次。

在這個層次提問的問題是：機會和侷限在哪裡（where）？何時（when）？

穩定的環境能幫助我們有效行動，而變動的環境則迫使我們行動，只要行動了，就會進入第二個層級——行為層次。

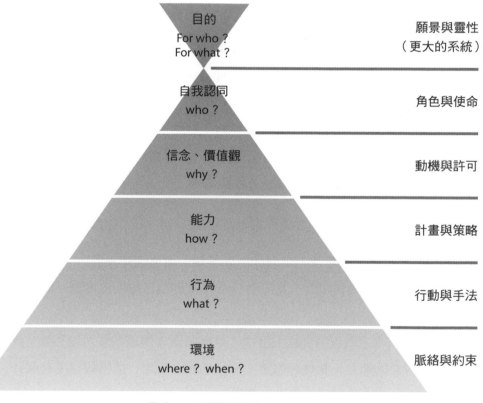

圖十一 層級對應表

行為層次——我做什麼或已經做了什麼具體行為

如果環境層次是時間和地點，行為層次就是我們做的事，以及我們具體可觀察到的，還有我們採取的行動。

在這裡，我們要向自己提問的問題是什麼（what）行動跟反應？

行動層次是學習、改變的基礎，任何的目標都會牽涉到改變，尤其在特定的環境中，當我們能夠改變外在環境和內在環境時，就會稱自己具備了某種能力。

能力層次——我的能力、策略和狀態

來到能力層次，這是NLP非常注重的一個層次，我們在這個層次發展出很多重要的工具跟技能，它是有關我們如何（How）知道做什麼、何時、在哪裡做？

這與我們的思維地圖、建構的模型、計畫，以及我們如何組織經驗的策略有關。因著能力，我們才能夠在合適的時間、地點，採取有效的行動，我們在這個層次問的都是方法跟程序，所以主要的問題是「如何」（How）。

價值觀、信念層次——我的信念系統、價值觀和意義

價值觀和信念問的是「為什麼（why）」，即為什麼要這麼做？動機是什麼？

這個層次之所以高於能力層次，是因為信念與價值觀可以加強（或關閉）我們的能力、動機和慾望，不只如此，信念、價值觀也是有關於許可的事，即「我做這件事被允許嗎？」

NLP的前提假設也是屬於這個層級的，它希望大家可以建立的基本信念是──「每個人都擁有他所需要的資源」、「你所溝通的意義，就是你所得到的回應」以及「沒有失敗，只有回饋」。這些都是用來誘導與促進我們能力的信念，也是用來選擇、決定我們將要開發和運用的能力，這也是我們所指稱的「動機」與「許可」。

身分認同層次──我是誰、自我認同

超越信念跟價值觀之後，我們就來到「我是誰」（who）的身分層次──是誰擁有這些信念、價值觀、能力、行為跟環境？

「自我認同」大於信念、價值觀、能力、行為跟環境，是「我擁有」信念跟價值觀，而不是信念跟價值觀擁有「我」，這是相當重要的概念。我們常常看到有人受限於自己的信念，而得不到自己的許可去做某件事，因此，理解自我認同的層次是高於信念、價值觀層次是很重要的一件事──我是誰？我在這裡做什麼？

這些問題問的都是身分認同的層面，然而這個問題的答案又是來自超越我的身分認同的更高層次──比我更大的系統或靈性層。

系統或靈性層次──靈性、系統層面與願景、目的

當我進入系統跟靈性的範疇，「我」就變成了「大我」，換句話說，「我」是系統的一部分，而我的存在是基於更大的需要所存在，因此「我」需要秉持使命做出貢獻，即願景與目的。

當我在這個層次，這個大我的感覺在這個模型是：

①──大我的價值觀跟信念比我的價值觀跟信念更深刻

②──大我的信念不等於我的信念

③──大我思考的不是我原來思考的層面

④──大我採取的行動不會是我原來的行動

⑤──感知環境的也不是原來的我

基於以上，最終得到的重要且深刻感受，便是我們在中正狀態的時候，一種既存在於自己之中，同時又連繫到更大的存在。

以上是NLP從回應環境的行為所鍛鍊的能力，經擴展我們信念與價值觀，在有了允許之後，成為一個更好版本的自己之路徑，這是「從屬等級」整合了我們生活的各個方面，也是我們學習、改變的重要模型。

我再一次整理「從屬等級」的邏輯：

環境塑造了我們的行為，行為經常做就成為一種能力。有了能力之後，我知道能做什麼、不能做什麼，包括我擅長什麼跟對什麼感到挫折，然而這些最終會形成我的**信念價值觀**。

從環境到行為來到信念，也塑造出我對自己的意象──我是一個什麼樣的人的身分認同，最終便形成一個人的位格。然而，能讓一個人變得偉大，則是因為他放棄了他的位格，而去連結到更大的存在，同時將使命看得比他自己還重要的時候，這也意味著，他已來到了**系統、靈性**之中。

還記得前面陳述的什麼是分裂嗎？

我們的內在是碎片化的「刺激─反應」模組，所以，我們有很多的自我矛盾跟各式各樣具有衝突的信念。但如果，我們能藉由使命的連結，讓人有一個具體的方向，那麼，我們就會清晰的看見──**以使命為依歸的我，什麼應該再加強，什麼是可以被減弱**，在整合之後，我們就可以

更有效率的使用自我的資源與能量。

再來，我們就開始練習「從屬等級整合法」，以身軀、場域的能量整合自我吧！

從屬等級整合法（理解層次貫穿法）腳本

這可以自己練習，也可以兩個人一起練習（一個人為引導者，另一位為探索者），兩個人練習時，記得在開始之前要建立好親和感。

再來，要先建立「後設位置」。在這個活動中所指稱的後設位置，是開始的位置，也就是我們預先執行中正狀態的位置。

●觀察校準

探索者在後設位置時，引導者要從他的身體線索觀察，探索者是否已進入中正狀態。

步驟一

為每個從屬等級（理解層次）建立空間心理地圖（psychogeography）。

請預先準備好六張紙，分別寫上環境、行為、能力、信念、自我認同、靈性，並依此順序放在地板上，空間位置大約是來訪者每走一步就能踏入另一張紙上。

請探索者想到一個要探討的問題或整合的領域，例如「我想提升我的領導力」。

步驟二

引導者帶領探索者進入「環境層次」的位置，請以探索者剛剛對於環境所使用的語言描述為主，選擇與之相同或相匹配的語言來帶領他進入環境層次。比如：領導、目標等等。

問句：

「什麼環境下，你想要更像個領導者？」

或者「何時何地你會達到你的健康目標？圍繞你所期望的目標，和行動的外部情境是怎麼樣的？」

請他具體描述想要解決的問題情境。

●觀察校準

①──引導者注意探索者的身體跟生理線索，是否已經進入他描述
　　的環境。

②──引導者必須使用探索者環境層次的關鍵字。

步驟三

引導者帶領探索者進入「行為層次」的位置，請以探索者剛剛對於行為所使用的語言描述，選擇與之相同或相匹配的語言，來帶領他進入行為層次。

問句：

「在該情境下你的領導力目標和結果是什麼？」

「在那種情境下你有什麼特別想做的？」

「與目標連結的新行為是什麼？」

「我想要＿＿＿＿＿＿＿，我還需要的新行為是什麼？」

●提醒

我想請你注意，不要讓探索者掉入困境的無助之中。所以要注意，你提問的問句得是朝向「理想狀態」的，而探索者的回答也必須是往「理想狀態」移動，記得不是一直陳述他的「困境跟問題」。

以下所有步驟，也都請特別注意到這個提醒，否則我們有可能不只無法帶出整合結果，你還可能會讓探索者二度受傷。

●觀察校準

①——引導者注意探索者的身體跟生理線索，是否已經進入他所描述的行為。

②——引導者必須使用探索者行為層次的關鍵字。

步驟四

引導者帶領探索者進入「能力層次」的位置，請以探索者剛剛對於能力所使用語言描述，選擇與之相同或相匹配的語言，來帶領他進入能力層次。

問句：

「在選定的情境下要達到這些目標需要什麼樣的能力？」

「你會如何達到這個目標？哪些行為？需要什麼樣的認知能力？」

「為了達到目標，我使用哪些能力？」

● **觀察校準**

①——引導者注意探索者的身體跟生理線索，是否已經喚醒他所描述的能力。

②——引導者必須使用探索者能力層次的關鍵字。

步驟五

引導者帶領探索者進入「信念層次」的位置，請以探索者剛剛對於信念所使用語言描述，選擇與之相同或相匹配的語言，來帶領他進入信念層次。

問句：

「在該情境下目標的實現體現了什麼樣的信念和價值？」

「我這樣做，是因為我的價值觀是＿＿＿＿＿＿＿。」

「為什麼你使用這些認知過程或能力來實現目標？是什麼信念支配著你的行為動力和思想？」

「我相信＿＿＿＿＿＿＿，所以我要達到目標。」

或是：

「為什麼我要探索這些？」

「為什麼我想成為更好的自己？」

「為什麼我想要使用這些技巧？」

「這對我來說為什麼很重要？這對我的意義是什麼？」）

「哪一條NLP的前提假設最能幫助我？」

「還有什麼（我的）相信，可以幫助我成為更好的自己？」

● 觀察校準

①──引導者注意探索者的身體跟生理線索，是否已經進入他所描述的信念。

②──引導者必須使用探索者信念層次的關鍵字。

進入該信念層狀態後，再問：「也許你在探討、感受這些信念跟意義的同時，你感受到身體能量的流動……感受這些能量……找到一個身軀姿勢，是足以表達你身體裡的流動，把它表現出來。」

然後，向後退一步，進入身分層次。

步驟六

引導者帶領探索者進入「身分層次」的位置，請以探索者剛剛對於身分所使用的語言描述，選擇與之相同或相匹配的語言，來帶領他進入身分層次。

問句：

「目標、價值、信念契合了你什麼樣的身分或角色？」

「在該情境下有這些信念，價值，能力和行為，你是誰？」

「達到目標的我是誰？」

「如果我是最好的自己……我會是誰？我會像什麼？」

「如果有一個象徵或隱喻，那會像什麼？」

「我的身體會怎移動？我的身軀姿勢會是什麼樣子？」

● 提醒

來到身分層次之後，我們將超越文字跟意識的領域，進入更抽象跟

象徵的世界。所以在身分跟靈性層次，我們要請探索者感受身體跟場域所帶給他的感覺，用比喻來說，是想像這些像似能量一樣的東西在你的身體中流動，同時請探索者用象徵或隱喻來描述。

● 觀察校準

①——引導者注意探索者的身體跟生理線索，是否已經進入他所描述的身分。

②——引導者必須使用探索者身分層次的關鍵字。

步驟七

引導者帶領探索者進入「靈性層次」的位置，請以探索者剛剛對於靈性所使用的語言描述，選擇與之相同或相匹配的語言，來帶領他進入靈性層次。

問句：

「對你所運行的更大系統有什麼感受？」

「對你所追求的使命的更大系統的願景是什麼？」

「使命就是為更大的願景服務。」

「如果有一個象徵或隱喻，那會像什麼？」

「我的身體會怎移動？我的身軀姿勢會是什麼樣子？」

引導者在探索者進入靈性層次狀態時，可以利用他當下的身軀姿勢來設置心錨。一般來說，在這個時候，探索者在這裡會出現能量充滿的身體線索；如果沒有，我們就要停下來，問一問探索者的內在發生了什麼情況？

● 觀察校準

①——引導者注意探索者的身體跟生理線索，是否已經進入他所描
　　述的靈性層次。

②——引導者必須使用探索者靈性層次的關鍵字。

步驟八

來到這個步驟，我們將開始進行整合。

從靈性層次開始，請探索者帶著靈性狀態往下整合身分層次。

引導探索者維持靈性狀態的身軀姿勢，並往回走入身分層次。

此時，引導者要去複述探索者信念層次的關鍵字。

再來請探索者說出，當他帶著靈性狀態回到身分層次，發生了什麼
變化？

探索者請記住重要的關鍵詞，以便在過程中使用。

● 觀察校準

引導者觀察靈性和身分的整合狀態，以及連結的線索。

步驟九

帶著身分層次狀態，往下整合信念層次。

引導探索者複習靈性狀態與身分狀態的身軀姿勢，並往回走入信念
層次。

此時，引導者要複述探索者信念層次的關鍵字。

引導者觀察身分和精神的整合狀態，以及連結的線索。

請探索者說出，當他帶著靈性及身分狀態回到信念層次，發生了什麼變化？

探索者請記住重要的關鍵詞，以便在過程中使用。

● **觀察校準**

引導者觀察靈性、身分、信念狀態下的整合狀態及連結的線索。

步驟十

帶著靈性、身分、信念狀態往下整合能力層次。

引導探索者複習靈性狀態、身分狀態以及信念狀態的身軀姿勢，並往回走入能力層次。

此時，引導者能夠複述探索者能力層次的關鍵字。

引導者觀察身分和精神的整合狀態及其連結的線索。

請探索者說出，當他帶著靈性及身分、信念狀態回到能力層次，發生了什麼變化？

探索者請記住重要的關鍵詞，以便在過程中使用。

● **觀察校準**

引導者觀察靈性、身分、信念、能力狀態下的整合狀態，及其連結的線索。

步驟十一

帶著靈性、身分、信念、能力狀態往下整合行為層次。

引導探索者複習靈性狀態、身分狀態、信念狀態以及能力狀態的身軀姿勢，並往回走入行為層次。

此時，引導者能夠複述探索者行為層次的關鍵字。

引導者觀察身分和精神、信念、能力、行為的整合狀態連結的線索。

請探索者說出，當他帶著靈性及身分狀態、信念、能力回到行為層次，發生了什麼變化？

探索者請記住重要的關鍵詞，以便在過程中使用。

●觀察校準

引導者觀察精神、身分、信念、能力、行為狀態下的整合狀態，以及連結的線索。

步驟十二

帶著靈性、身分、信念、能力、行為狀態往下整合行為層次。

引導探索者複習靈性狀態、身分狀態、信念狀態、能力狀態以及行為狀態的身軀姿勢，並往回走入環境層次。

此時，引導者能夠複述探索者環境層次的關鍵字。

引導者觀察身分和精神、信念、能力、行為、環境的整合狀態，以及連結的線索。

請探索者說出，當他帶著靈性及身分狀態、信念、能力、行為回到環境層次，發生了什麼變化？

探索者請記住重要的關鍵詞，以便在過程中使用。

●觀察校準

引導者觀察精神、身分、信念、能力、行為、環境狀態下的整合狀態，及其連結線索。

進入靈性與場域的NLP

整合自我成為更好版本的自己，是第三代NLP最重要的目標。

什麼是「場域」

在從屬等級的活動中，如果你從環境到靈性的升冪過程，有感受到從更大的存在得到力量，又從靈性到環境中的降冪的過程中，有覺知到整合了自我。那麼，我要恭喜你，因為你找到了從屬等級這個過程最重要的發生，從此你就能善用這個工具，得到力量，充分地整合自己。

只是不知道你有沒有發現，在升冪的過程中，從身分層次開始，我們放棄意識的語言描述，改為隱喻與抽象的畫面、聲音、感受的經驗體會為主，只讓自己可以記住這個經驗，最後再邀請意識給出一個命名。以上，這整個過程正是讓我們進入意識的變動狀態，也就是催眠定義的恍惚狀態。

在這個時刻，我們不再靠意識去經驗這個世界，而是改從身體經驗

這個世界，這也就是第三代NLP所說的──身體與場域。

這是很大的跨越，從焦點在外且被批評為操控的技術，來到把焦點轉移向內，開始反求諸己，我自己認為，這是NLP走向內聖外王之道的開始。

其實，當我們在放掉自我意識，改從一個更大的場域意識來看事情後，「我」就超越了「我的境界」，進入「場域的境界」，也就是羅伯特‧迪爾茨提出的──放掉自我的智慧，銜接到場域的集體智慧。

「場域集體智慧」的概念是指「超越自我思維」的層次，比方，我們在從屬等級的身分層次中，藉由體會身體能量的流動來展開身軀姿勢，以銘印當時的經驗，這時的我們超越頭腦意識，改用身體智慧來經驗、思考。

直到我們進入靈性並銜接場域之後，我們會感受到身體的界線模糊了，不過跟場域則有了連結與互動，甚至帶來「合一」感，片刻間，我們也就擴展了自我意識，進入場域意識之中。

所以，當我們可以連結上場域的集體智慧，並再從靈性層次往下走回環境層次時，就體驗到了以下感受：

①──我的身分不再是原來的身分。

②──我的信念不再是原來的信念。

③──我的能力超越了原來的能力。

④──我的行為不再受限於原來的限制。

⑤──我的環境開始有了其他的可能。

這就是場域的集體智慧可以為我們帶來的擴展，現在，你可以開始好奇，如果，能帶著這個場域的集體智慧去觀看我們不滿意的現狀，去

看見我們想要的理想狀態，會是什麼樣子？又是什麼感受呢？

為了解開你的好奇，我們也就有了「看見場域」的練習。

「看見場域」的練習

「看見場域」是設法看見更深層結構的方法，NLP有所謂的表層結構和底層結構，場域則屬於更深層次的結構，我們看不到它們，但它們卻是影響了底層結構與表層結構。

羅伯特・迪爾茨在研究複製卓越的時候，也研究了身體治療取向的費登奎斯方法[1]。費登奎斯最為著名的事跡是，有一位醫師束手無策的腦性麻痺孩子，幾乎不能走路，她在和費登奎斯一起工作了三十分鐘之後，這小孩能開始起身走路了。

費登奎斯曾說：「我不看骨骼和肌肉，但這並不是說我完全不在意那些身體的物理結構。只是使這些身體部位有活力的，並不是來自物理機械層面。」

他說，他會想像能量在身體中移動的模式，也會想像相關的資訊、能量模式，然後去尋找它們在哪裡卡住了，以及可以做些什麼來補救。

而這就是當我們進入身體與場域時，必須開始去想像的，跟費登奎

---

1 摩謝・費登奎斯（Moshe Feldenkrais，以下皆用費登奎斯）是個物理學家，定居以色列，深受巴西柔術的影響。當年，他因為自身膝蓋受傷的機緣，潛心研究自己的動作與身心關係，開創出身心學三大學派之一的「費登奎斯方法」，這個方法是透過運動感知為人們做身體功能整合，幫助了許多身心痛苦的人，也促進許多人的潛能得以有效的發揮。著有《身體的智慧》、《費解的顯然》、《成為有能的自己》等作品。

斯想像的一樣。

　　我們在中正狀態的時候，體會過場域，在從屬等級的靈性層次也體驗過，現在，我們只是要把這個部分更突顯出來，並且給予更多的鍛鍊，讓身體跟場域成為你的在地知識。

　　要提醒的是，在進入身體與場域中，有些事情不要用意識大腦思考，而是要換一個方式——去感受，感受我們的身體跟我們溝通的訊號，就像神經元跟神經元並沒有接觸，它們是透過神經傳導物質，跨過了間隙而構成兩個神經元的溝通，這些訊號促使肌肉收縮，然後轉化成肢體的動作，像是改變呼吸、心跳等等身體背景值，而也是這身體背景值，改變我們對周遭發生的事，即使是相同的事也會做出完全不同的解釋與反應。

　　想一想這些發生在我們神經系統中的情況，也可能會發生在我們與別人的系統中——透過我們的鏡像神經元。於是，我們看見別人的處遇，可以感同身受，當然，我們也能透過情緒來感受周遭世界，不只是對人而已。

　　再跳出人與人的領域，進入人與自然的領域，如同雷戈里·貝特森所說的，這些更大的系統——動物、植物、蒼涼破敗的景物，都能直接喚起你的感慨，改變你的身心狀態的背景值。換句話說，即使我們看不見，仍然能體會到這些。

　　現在，我們不只要打開生理上的眼睛，還要打開心理上的眼睛。

　　就像費登奎斯在身心工作時說的：「我看到了。」我們要用心靈之眼去看到一切，還要用這心理的眼睛，想像看到這些能量跟場域。例如：某個能量正通過過神經系統轉化為信號，這些信號號會轉化為肌肉收縮，

轉化為骨骼、手臂、皮膚和肌肉的運動,再透過更敏銳的感受,感受到身體所發生的一切,我們不只可以感受神經系統在身上所做的,也可以把這些能量的波動透過想像視覺化,彷彿我們可以看見能量在身體的流動,最後,再憑直覺標示顏色、形狀、區域的次感元,或像是某種隱喻的畫面。

像這樣,從身體感受到視覺化的過程,就是另一種轉換語法,是從深層結構轉移到表層的表像系統,透過我們的創造力和想像力,為自己再創一個新的可能途徑。

現在,我們要做的是,沿著傳統的「從現狀到期望狀態」基本改變模式的路徑,以尋找出症狀的原因和結果的影響。不過我們要用的是另一種方式,要自己使用費登奎斯可視化的身體跟場域的過程來想像,是如何超越自我框架的限制來感受跟想像。

請先選擇一個陷入僵局的經驗,也就是無論我們如何努力都找不到出路的困境。用「看見場域」的方法,選擇轉向不同類型的思考,遠離你舊的思考桎梏,進入一個不再是透過你的物理眼睛看事情,而是透過你的心之眼來觀看。

這裡所說的心之眼,並不是毫無根據的幻想,而是你得敏銳的覺知自己的身體,去感受你的神經系統帶給你的感受,再透過視覺化的過程——即次感元、視覺隱喻等等方法,接收來自你的身體智慧與場域的集體智慧。

這個過程會使用抽象且象徵的視覺,它是非邏輯的思考,會像費登奎斯說的「看見」。你也可以說,這個過程就是使用象徵跟隱喻,是將事物表達為我們已知的具體符號。

我想借用舞蹈家瑪莎・葛萊姆（Martha Graham，以下皆用瑪莎・葛萊姆）的一段話：「有一種生命力、一種能量、一種再生，透過你成為行動，而在所有的時空中，只有一個你，這種表達是獨一無二的，如果你阻止它，它會因為無法透過任何其他的媒介存在而消失，不在這個世界。

　　判斷它有多好、多麼寶貴，或把它和其他表達做比較，這些都不是你的本分。你的本分是弄清楚、直接的保持真我，保持通道通暢。你甚至不用相信自己或是你的成果。你只要保持自己的開放，認清激勵你的渴望，保持管道暢通。」

　　讀畢瑪莎・葛萊姆的這段短文，不妨帶著這種詩意，開始來進行我們的「看見場域」練習吧！

「看見場域」練習腳本

　　選擇一個陷入僵局的經驗，即無論我們如何努力，都找不到出路的困境。

　　然後，建立三個場域位置。

步驟一：後設位置進入中正狀態

開始前，我想跟你說：由於我們前面已經練習過中狀態，剛剛也才體會過從屬等級的靈性狀態，所以在這裡，請你放鬆把它當作一個冥想催眠，邀請你的潛意識跟我們一起工作。

在這裡請多花點時間，以確保完全深入你的中正狀態，這個中心是你的立足點，也是能讓你連結到宇宙的地方。

再一次提醒，確保你連結到你的中心，因為它是你存在的地方，這點非常重要，因為你得是你自己，你才可以還是誰。

感受到中心的連結，確保自己的專注，然後開放，開放自己連結到一個更大的場域、一個更大的存在、一個更大的可能，現在，超越你的認知，打開創造性的潛意識。

專注你的身體感覺，不僅僅是身體上的物理感覺，可能還有其他微妙的感覺，要去尋找這些不同的動力，及其帶來的隱藏在具體現象後面的東西，透過開放你的身體，去覺察更多細微的感受，同時，也開放你的聽覺。

連結中心，開放自我，繼續感知更大的場域所帶給的你身體上微妙變化。

當然，你仍然要與你的大腦、你的認知思考和你的理性維持聯繫。

同時，要連結上你的心、你的熱情、你的丹田、你的身體中心，以及所有的直覺感受。

連結上腳，腳所踩著的大地，以及你後腰資源的靠山——它連結著支持你的資源，如同格雷戈里‧貝特森所說：「我是系統中的一份子，我連結上系統。」

站在這裡，連結上你的中心、你的丹田、你的心、你的意識大腦，然後你開放你自己。

連結上你的資源，腳踩著大地，連結到地球，頭頂著天，連結宇宙，連結整個社會系統和行星生態，甚至可以像愛因斯坦那樣，靠想像連結到更大的宇宙。

擺脫你是自己意識牢籠的錯覺，進入與更大的心靈相連的感覺。

當你進入這樣意識的變動狀態，覺察發生中的一切，你的內在能量會帶領你、引導你做出什麼樣的身軀姿勢……你的內在眼睛會看見什麼樣的隱喻跟象徵……你的內在聽覺會聽見什麼？

用你的身軀姿勢展現你的能量，看見你看見的隱喻與象徵，聽見你聽見的聲音……

如果，有一個字詞可以為你此時此刻的狀態命名，那會是什麼？（停留一點時間）

當你找到那個詞，你對自己說出這個詞，然後，你開始啟動你的身軀姿勢與它的能量……聽見你聽見的聲音……看見你所看見的隱喻跟象徵……感受你的感受……讓這個五感經驗，成為你在後設狀態的心錨。

步驟二：進入卡住的狀態

你真正關注的是症狀，當你進入這個卡住時，真正的內容和真正的體驗是什麼？你是如何被卡住的？身體的感覺是什麼？

不要用意識大腦去解釋這個卡住的狀態，要用感知來感受，而不是語言描述。

它可能是一個很大的崩潰狀態，那麼，當你進入這個崩潰的狀態

時，身體的狀態是什麼？

用你的認知去覺察，哪裡有緊繃跟收縮，哪裡的能量不再流動？那是什麼感覺？

覺察這個能量在身體的表達，而讓你的身體形塑出這個能量的身軀姿勢。

你要歡迎它們，因為它們是你的一部分，是它想要保護你，才造成了這個崩潰。

你會給它什麼命名？

如果有一個隱喻或象徵，你會說這像什麼？

然後，退出這個位置，回到後設位置。

步驟三：回到後設位置，再度進入中正狀態

再次回到中心，打開自己與更大的系統連結。

可以用步驟一建立的心錨，再次喚醒中正狀態，連接到你所有的內在智能，與更大系統的集體智慧。

在這個位置，想一下，你不要那個卡住的狀態，那麼你要的理想狀態是什麼？

做一點簡單描述，看看這些描述是否符合第一章的「結構完善的設定結果條件」，如果是，就可以進入步驟四。

（如果不是的話，請再次複習步驟一的冥想催眠，再次連結身體心智、你的腦、心、丹田，然後重作步驟三；或是對不符合的部分做正向意圖的探索。）

步驟四：進入理想狀態

你想要的狀態是什麼？

假如，可以經歷你想要的狀態，那會像什麼？

進入那個想像的狀態中，用第一人稱的經驗去想像，並體會理想狀態所帶給你的第一手五感經驗。

看見自己所看見的，聽見自己所聽見的，感受這些所帶給你的感受，這是你要的，說：「我做到了！我做到了！我做到了！」

這為你帶來的身體能量經驗是什麼？

讓此時此刻的能量帶領你擺出身軀姿勢，感受這個身軀姿勢帶給你的能量經驗，如果有一個視覺化的隱喻或象徵出現，那會是什麼？你會給它什麼命名？

當你都做到了，就可以回到後設位置。

步驟五：再次進入後設狀態

讓自己進入與更大存在連結的狀態，連結上更大的智慧，

對自己再次啟動中正狀態的心錨。

維持著心錨的狀態，想像雙手分別帶著你「卡住的狀態」與「理想的狀態」，不要評價它們，而是帶著更大系統的集體智慧關照這一切，看看這會為你帶來什麼樣的改變？

關於這個活動，我有幾個重點提醒：

①——當我們開放自己與更大的系統連結時，應該把自己當成是一個管道、一個接收器，傾聽更大系統的集體智慧。覺知而不是思

考，因為思考會阻斷與更大系統的連結跟吸收。

② ——在連結更大系統時，我們倚重身體感受而不是意識認知，我們要回到經驗的最初，用大腦跟身體的五感經驗去看見、聽見、聞到、嚐到、感覺。

③ ——在這裡，視覺化的隱喻跟象徵會是我們得到訊息的最佳管道。

④ ——除非我們得到完全的體驗，否則我們不會進入命名的步驟，因為，一旦命名，意識認知就會回來，這也同時會阻斷了管道。

英雄之旅

每個生命的困難時刻，
都像是貝多芬命運交響曲的敲門聲音。

——唐道德——

當苦難成為個人的神話

　　任何一個療癒都是來自我們有效率的受苦，然而，我們如果把身心的受苦提昇到靈性層次，生命就成為一種修行。

　　因此，來到本書的最後一個章節，我選擇以「英雄之旅」[1]作為結束，希望你在閱讀本書到最後，來到這一個單元，可以為自己做一個學習的整合，讓自己得以在接下來的生命之路，走上英雄的旅程。

　　請慢慢學習，慢慢整合，我會依「英雄之旅」的步驟，把一些練習技巧編織入步驟中，也會增加一些英雄之旅的工具跟技術的補充，其中我將引用的腳本是，第三代NLP的代表人羅伯特・迪爾茨和第三代催眠史蒂芬・吉利根所共建的版本。

　　這兩位愛爾蘭裔美國人都是加州大學聖塔克魯茲分校NLP小組的成員，當年他們一起去沙漠見了艾瑞克森，之後，史蒂芬・吉利根選擇留在沙漠，羅伯特・迪爾茨則回到聖塔克魯茲，他們在各自有了成就之後，一起創立了「生生不息」教練機構，「生生不息的催眠」與「生生不息

1　英雄之旅

　英雄之旅是神話學家喬瑟夫・坎伯（Joseph Campbell，另有譯名為喬瑟夫・坎貝爾）所提出的英雄旅程公式，他在作品《千面英雄》首度描述該基本敘事的模式：「一個英雄從平凡世界進入冒險世界，得到了神話般的力量→取得了決定性的勝利與神祕的力量→帶著這某種能力，從這個神祕的冒險中回來，和他的同胞共享利益。」

的NLP」是他們的教育基礎，之後就合作了「英雄之旅工作坊」，後來他們也將「英雄之旅工作坊」的內容整理成冊，書名為《*The Hero's Journey : A Voyage of Self Discovery*》（簡版中譯《英雄之旅：自我發現的旅程》），也是這本書深刻地啟發了我，讓我能用「英雄之旅」，重新賦予夥伴們生生不息的動力來源。

當生命被震離了原位

當生命被突發的事故震離了原位，我們當然也可以選擇呼天喊地，不過，如果相信有一個更大的存在，如同你在從屬等級的身分認同與靈性層次體會到的，選擇去呼應那個召喚，而不是呼天喊地或逃避，我們就能夠走困境，也走出屬於自己的英雄之旅。

就好像史蒂芬·吉利根一樣，身為家中長子的他，小時候為了保護家人，他總是成為父親酒後被家暴最慘的孩子。可是，他沒有因此認為自己是受害者，他一直都在追尋自己的道路，即使一開始他並不知道自己要追尋什麼。

上了大學，他在選修的課程之外，另選擇進入NLP小組，就在他遇見艾瑞克森並且成為他的學生以後，面對生命未來，他突然變得明朗清晰了。

史蒂芬·吉利根回憶他讀研究所的時候，他說，他的教授認為艾瑞克森是錯的，艾瑞克森覺得他的教授是錯的，而他就在這樣的衝突中完成了學業，並且走出了屬於自己的催眠之路。

史蒂芬·吉利根從童年的痛苦經驗開始，經過反芻，讓阻礙成為他

幫助別人的資源，同時也完成了屬於他自己的英雄之旅。

另一位大師羅伯特・迪爾茨，則是在他的母親罹患癌症，且被宣告只剩下半年生命時，讓他探索出超越當時NLP的領域，發展出十四種回應術，並以更深刻的體驗來研究這門學問，他找出NLP在從屬等級中的能力層次，知道如何提升、連結更大存在的靈性層次。

這些都是典型英雄之旅的故事，是讓人從不幸的普通人蛻變成為生命的英雄，他們讓人知道，災難不是災難，而是通往英雄之旅的命運敲門聲，這些英雄們（也可能是你）將能帶回自己經歷的成長與收穫的經驗，幫助更多人進行他們的英雄之旅。

「英雄之旅」的過程中，裡面隱含了NLP的「重新定義」、「改觀」、「時間線」、維克多・法蘭克的「意義治療」以及敘事等等元素。從NLP的角度來看，假如有一個人遭逢人生的變故而痛苦不已，他的時間框架會是靜止、凍結，因為在這條時間線上，他沒有了未來，原本他所學習到的秩序、價值感、信念體系已全都崩潰，他不知道該做什麼，也不知道從何做起。

他們能想到的，通常都是「我想要回到舊生活」或「把我的生活還給我」。

當一個人正掉入生命無窮無盡的陷阱，就像這張圖（圖十二），A＿B是舊生活的軌跡，C＿D是生命的陷落，我們不會走向A'＿B'這條路，因為我們得不到生命的全觀，我們還沒有看見這種可能。

所以，我們用盡一切努力，只想回到舊生活跟舊秩序，也許我們會成功，但是，生命永遠是往前走的。即便生活回到舊的秩序，可是每次一往前走，就又掉回到C＿D的深坑。這就是為什麼「英雄之旅」初始，

我們逃避召喚後，卻反招來更大的不幸。

　　於是，命運的敲門聲一次大過一次，直到你知道「被召喚」，已無處遁逃，而願意啟程了。

　　是的，「絕望」在這裡成為突破的關鍵，只有對過去全然放棄了，才會是 A'＿B'這條人生道路的啟程。

　　史蒂芬・吉利根說過一個近似佛教的隱喻：

　　要成佛的修行者都要經過一個最後的考驗，他們得進入一個眾魔群聚的房間，面對這些要闖關的人，這些魔鬼會讓他們顯示出自己內心最恐懼的事情，也就是闖關者的心魔。而每個都要接受考驗的人，都事先知曉這個考驗的內容，自然也會做很多的準備跟應對之策，但最終仍有許多人沒有走出那個房間。

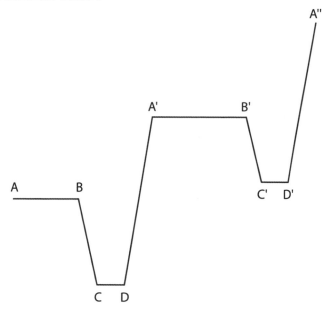

圖十二　本圖習自 Tad James Co. 的 NLPTrainer 課程

有一位修行者同樣也做了很多準備，但他還是覺得很不安，於是他問了上師，走出該房間的祕訣到底是什麼？

上師說方法看似很多，但是真正的祕訣其實只有一個，就是：「**不管發生什麼事，你都要繼續往前走。**」

簡單來說，當生命把我們震離了原來的軌跡，且生命新的追尋要開始了，但我們卻什麼都沒有，除了沉痛跟無力。這時的我們就好像走進迷宮中，如果可以從出口走往入口，我們就不會迷路了。同樣的，我們如果要走出生命的幽谷，去回頭看看，你會看見轉折的軌跡十分清楚，時程也會是確定的。

問題是，當我們陷在苦難中，不會有時程，不會有軌跡可循，也不會有確定的方向，甚至我們不知道什麼時候折磨會結束。

在找不到或沒有方法之前，我們也只能感受你的沉痛、無力，除此以外什麼也不能給你，唯一能做的大概就只有送出祝福，祝福你在絕望之際，能知道新的里程開始了，能懷抱希望，能擁有信念。

然而，沉痛才能得到力量。

我們都很清楚，被震離生命的軌跡是痛的，事實上一個人最迷惘的時候，不只是在一無所有時，而是發現所有的舊相信、舊秩序以及舊知識都沒有用了，包括原本透過關係決定「我是誰」的舊關係也沒了，於是「我是誰」的迷惘困惑就此生起。

很幸運的是，如今的我們有方法可以結束這些折磨，為了不讓你一次又一次找回舊生活，也不讓你一次一次在向前走的過程中又掉進同一個坑，我們將利用NLP「英雄之旅」，來開啟你我的新生活。

啟程，前進你的英雄之旅

在我們繼續往前走之前，我想讓你對旅程有一個全貌的瞭解，所以，我們先來談談什麼是英雄之旅，你又要如何走向自己的英雄之路？

喬瑟夫‧坎伯在比較多個民族的神話故事後，完成了一本經典著作《千面英雄》。他研究發現，這些神話雖然出自不同的人種、文化、地域，但很奇特的是，所有神話故事都很類似，爾後他便提出「單一神話」說。

在《千面英雄》一書中，他提到：「英雄神話歷險的標準路徑，是通過儀式準則的放大，也就是從『隔離』到『啟蒙』再到『回歸』，它或許可以被稱作單一神話的核心單位。」

「單一神話」後來變成了顯學，這也得歸功於好萊塢，像是《星際大戰》導演喬治‧盧卡斯，就多次提及《千面英雄》這本書帶給他的啟發；還有，知名寫作教學兼編劇大師克里斯多夫‧佛格勒（Christopher Vogler，以下皆用克里斯多夫‧佛格勒）也說，這本書大大改變了他對人生與故事寫作的看法，他還深入研究這本書，為電影公司整理了一份七頁左右的「千面英雄實用指南」備忘錄，後來他更據此備忘錄，整理出版了《作家之路：從英雄的旅程學習說一個好故事》，熱銷全球。

自此「英雄之旅」成為了一個時代的共同語言，從好萊塢電影到各式創作小說等等，都可以找到英雄之旅的痕跡。

喬瑟夫‧坎伯的「英雄之旅」的成長模型有有三個階段，分別是「啟

蒙」、「啟程」、「返回」，而這個三階段他又另外區分成十七個過程步驟，不過，克里斯多夫・佛格勒則把它約減為十二個步驟。而我在這個章節中提供的，源自羅伯特・迪爾茨與史蒂芬・吉利根的工作坊，他們提供的版本為八個歷程──英雄之旅的框架：

①──聆聽召喚
②──投入召喚（克服阻抗）
③──跨越門檻（入門）
④──尋找守護者（扶持）
⑤──面對並轉化惡魔
⑥──發展出內在自我和新資源
⑦──蛻變
⑧──帶著禮物回家

梳理你的英雄之旅

準備一些紙張和一支你喜歡的筆，就可以開始來梳理你的回憶──關於你過去的英雄之旅經驗，以及正在進行的英雄之旅。

步驟一

回想曾激勵了你的電影，不管是星際大戰、漫威英雄、運動勵志電影，甚至是迪士尼卡通，像是大家熟悉的海洋奇緣或冰雪奇緣也可以，總之，找出一部深刻激勵你的電影，並再一次仔細觀看（或回想）該電影情節，然後依照主角的經歷及劇情，填入符合底下英雄之旅的八個階

段（又為英雄之旅的框架）：

①——聆聽召喚

②——投入召喚（克服阻抗）

③——跨越門檻（入門）

④——尋找守護者（扶持）

⑤——面對並轉化惡魔

⑥——發展出內在自我和新資源

⑦——蛻變

⑧——帶著禮物回家

如果無法清楚分出八個階段，但請至少要拆解出「啟蒙、啟程、回歸」三個以上的電影階段，如此才會有助於你，真正的熟悉英雄之旅的歷程。

步驟二

回想你生命中的成功經驗，也一樣將你的這些成功經驗，填入英雄之旅的八個歷程。

如果在你的真實經驗中，僅符合英雄之旅「啟蒙、啟程、回歸」這三階段，卻無法完全符合能填入這八個歷程經驗的，沒有關係，把這三個階段填入就可以了。

簡單來講，成功的定義是：「我設下目標，我達成目標。」所以，你不必把它想得要多麼的偉大。

比方，「我學騎車」、「我學會開車」或「我找到工作」等等，都可以是一個英雄之旅。下面以開車為例：

①——聆聽召喚

我渴望有遠行的自由。

②——投入召喚（克服阻抗）

我決定投入時間與資源來學習。

③——跨越門檻（入門）

我克服困難報名駕訓班。

④——尋找守護者（扶持）

我要找到一個真的可以教會我開車的人，他不一定是汽車駕駛訓練班的教練，也許是我身邊任何一個可以教會我開車的人。

⑤——面對並轉化惡魔

學會開車必須克服我心中的恐懼，從駕訓班的道路、一般公路到高速公路。

⑥——發展出內在自我與新資源

我必須在一次又一次的錯誤中克服恐懼，找到我的方法跟自信，每次都成功地克服了一個困難，就是在累積我開車的技能跟自信。

⑦——蛻變

我得到我的駕駛執照，這是身分的改變。

⑧——帶著禮物回家

當你聽到有人對你說「恭喜」，甚至聽到人說：「我就知道你一定可以。」你就此帶著豐盛的腦內啡的獎賞，接受眾人的歡呼。

看完上面的範例，你可以想到兩、三個成功的經驗了嗎？

試著自己填入八個歷程的空格，透過這樣的整理書寫，有助於你熟悉自己曾經有過的英雄之旅，最重要的是，讓自己感覺到——我是一位

有著許多英雄之旅的行者。

步驟三

找到過去沒有成功的經驗，將它們填入英雄之旅的八個歷程。

在你填寫的過程中，想想看，你在這八個歷程中，是哪些步驟出現缺失？又是哪些沒有做好？

最後，我要你思考下面的這句話：「當生命走到盡頭的時候，你希望在你的墓誌銘上寫著什麼？」

奧托‧蘭克（Otto Rank）在他重要的作品《*The Myth of the Birth of the Hero*》（簡版中譯《英雄誕生的神話》）中提到：「每個人在出生時都是個英雄，因為，在出生過程中他們都經歷了一次心理與生理上的極大轉化，從一個生活在充滿羊水環境裡的小水生動物，變成一個又一個呼吸空氣的哺乳動物，最後還站立了起來。這是個巨大的轉型，假如這是有意識的過程，那一定是一種英雄行為。」

是吧！你連這麼艱難的任務都能完成了，還有什麼是不能完成的呢？

敢想、敢要、敢得到

當你完成了前面這三個步驟的練習，我想你不只熟悉了英雄之旅，也一定知道了，那些你沒有完成的旅程是因為有哪些缺失。

接下來，我將協助你完成英雄之旅的編織，想要完成英雄之旅，首先得連結上更大的存在，同時還要找到自己的使命。

所以，現在我們要先喚醒你的神性。

這裡會引用的是史蒂芬·吉利根的「生生不息催眠技術」的前四個步驟，透過這程式將幫助你連結自己的身心，再藉由身體的智慧，找到自己的使命，然後與自己的使命連結，做出宣告。

「生生不息的催眠」六步驟中的前四個步驟：

步驟一：打開「中正狀態」（COACH）。

Center 回到中心

Open 開放自己

Amareness 覺察

Connected 連結

Holding 維持

步驟二：設定「意圖」（intention）。

你最想在你的生命中創造什麼？

①——簡單的正向句子（5字～10字）

②——彩色的圖像

③——簡單的軀體運動

融合意識與無意識的調和，邁向設定的結果。

步驟三：創造生生不息的狀態，其基本模式是我們必須創造三個正向的連結。

①——連結到正向的結果。

②——連結到身體的核心感知，即我們稱為「中心」，在這裡我們既專注同時又放鬆。

③——連結到可以創造正向資源的人、物、地方、情境……等，你可以創造一個屬於你自己的聖人團隊，給予你自己支持。

步驟四：連結上資源之後，傾聽身心智慧，連結使命，說出「想要」。

以下，我將提供一個語音支援的連結[2]，希望能協助各位，完成這個練習。

你可以選擇打開這個錄音，找一個不被打擾的空間，好好練習這個流程。

當然，你也可以自己錄音，下面我將提供一份逐字稿，你可以自行修改，然後再重新錄製，自己再體驗練習。

「生生不息的催眠」逐字稿

先把手伸向前面，你需要有一個空間，最好是往前移動一步的時候不會撞到別人。

所有的人都站著，如果你因為某種原因不能站起來，可以坐著，我也同意你坐著。但是，坐著的效果不會比站著的效果好，因為站著的時

---

2 「生生不息的催眠」youtu 連結網址：
https://youtu.be/rwvUNHIVMrg

候，你的能量就是比較高，所以，確定你的位置不會碰到別人，這樣OK了嗎？

OK，確定你的雙腳打開，與肩同寬。因為你這麼站著，大約要二十分鐘。如果，你站不了二十分鐘的人，請你選一張椅子坐下來。很好，這是為了避免進行來到中間的時候，你腳酸了，可能就沒辦法繼續了。

都OK了嗎？

好。選（站）一個舒服的姿勢，深呼吸……吐氣的時候，同時讓眼睛閉起來。

第一個階段，我們要做的事情就是打開你的中正狀態，也許你可以再想像一下你的中正狀態。對……回到自己身體的中心，同時感覺在呼吸的時候，肚子正柔軟地起伏。記得，等一下你深呼吸的時候，你的眼球要往上、往後轉，好，做個深呼吸。

（引入純淨能量）吸氣的時候，想像你來到雲端，吸收陽光能量……對……吐氣的時候，帶著這個能量貫穿你的身體……對……穿過你的腦，穿過你的心，穿過你的丹田，流瀉到地板……很好，再做一個深呼吸……陽光能量……對，吐氣的時候，想像那個能量像瀑布，就這樣往下沖……對，從你的頭頂沖向你的全身，全身就沐浴在這個能量瀑布裡……感受那個能量……覺察每一次呼吸的時候，有一個能量在你的中心軸，吸氣的時候往上，吐氣的時候往下，你可以感覺到，在你的身體好像有一個中心軸的能量。

（回到中心）如果你的身體有一個中心，那會是在哪裡？請你用你的雙手碰觸你的中心……非常好……有的人會是在胸口，有的人會是在肚子，有的人會是在丹田，感受到你自己跟中心的連接。

然後，做出一個宣告：「我存在，我在這裡。」

滿好，維持住這個連結，全程都要維持在這個連結。

（打開場域）我要你想像，此時此刻，你的雙腳穩穩地踩在地板上，感受自己跟這個中心的連結，感受在自己的身體裡面有一個韻律，感受到自己如果可以打開這個場域，你就可以跟外面形成一個場域的連接。

當你打開場域，你讓自己走入世界，也讓世界迎向你而來。

當你開放了自己，允許自己跟世界連結，你可以做出一個宣告：

「我是開放的！」

「我存在，我在這裡。」感受跟自己中心的連結。

「我是開放的！」感受到自己打開了一個場域。

（保持覺察）有的時候，當我們打開場域的時候，就失去了跟自己的連結。所以，如果，你感覺你打開了場域，但是失去了中心，沒關係，把雙手收回來，回到自己的中心。要記得，你得是你自己，你才可能還是誰。

回到自己的中心，維持跟中心的連結，只有在「你是你自己」的時候，你才可以還是誰，所以保持跟中心的連結，你需要意識覺察發生中的一切。保持意識的覺察，當你準備好了，再次開放你自己，讓世界迎向你而來，而你可以開放你自己，同時又能維持跟自己的連結。

回到自己的中心，我開放我自己，並以意識扶持發生中的一切，然後，做出這個宣告：

「我是警醒的！」

「是的，我存在，我在這裡……」感受跟自己中心的連結。

「我是開放的……」感受到自己打開了一個場域。

「我是警醒的……我以我的意識扶持我的潛意識……完成任何我想完成的。」

（勇敢連結你的內在世界與外在資源）當你有了這樣連接的時候，你就可以去想像，在這個世界上，哪些人、哪些事、哪些景物跟你有一個愛的連結，他們是可以提供你愛的資源的連結，想像你現在不止連結你自己，也可以連結到那些愛的資源。

在這個世界上誰最愛你？

在這個世界上有什麼自然的連結，可以提供給你愛的資源？

在這個世界上，誰可以給你力量？

（維持中正狀態）想像不只連接你自己，也不只是開放自己，連接外面的萬事萬物，最重要的是你也連接到這個愛的連結，感受這個愛的連結，感受到來自生命底層的力量……維持住此時此刻的感受。

「是的，我存在，我在這裡……」感受跟自己中心的連結。

「我是開放的……」感受到自己打開了一個場域。

「我是警醒的……我以我的意識扶持我的潛意識……完成任何我想完成的。我連結天、地、人三界給我的所有資源，想到藍天白雲、陽光、能量、水，想到世界跟場域，想到這個世界上愛我跟我愛的人，支持我的朋友、老師、同事，甚至是我的寵物、我的避難所、任何我的大自然現象。」

然後，再次做出宣告：

「我是連結的。」

持續維持在這個狀態中……繼續感受這個狀態。

「我存在，我在這裡……」感受跟自己中心的連結。

「我是開放的……」感受自己打開了一個場域。

「我是警醒的……我以我的意識扶持我的潛意識……完成任何我想完成的。」

「我是連結的……我連結天、地、人三界給我的所有資源，想到藍天白雲、陽光、能量、水，想到世界跟場域，想到這個世界上愛我跟我愛的人、支持我的朋友、老師、同事，甚至是我的寵物、我的避難所、任何我愛的大自然現象。我維持在此時此刻的狀態……」

（傾聽身心，說出想要）維持在這個狀態，慢慢的，我要問你一個問題，你不用急著給我答案，也不用急著給自己答案。

我要你繼續懷抱這一個問題，慢慢的感覺到自己……來自你生命底層，它給了你的答案是什麼？

我要你繼續感覺這個連結，繼續感覺到這個愛，慢慢的，可以感覺到自己有一個真實的存在……就在身體裡面……

假如你活在這個世界上，能夠有像這樣豐沛的狀態，還有來自背後……生命源源不絕的愛的連結。

我要你問問自己：作為一個存在，你在這個世界上，你的使命是什麼？你要成為什麼？你要什麼？

你可以慢慢來……慢慢的給自己簡單的……比方一個字的回答，也可能是兩個字，也許五個字……可能是十個字。

「在這個世界上，我最想要＿＿＿＿＿＿＿＿。」

「在這個世界上，我想成為＿＿＿＿＿＿＿＿。」

後面接兩個字，也許五個字，最多不要超過十個字。

你可以慢慢的感受……在這個世界上有什麼是你想要創造的？

當你連接到你那個正向的愛的連接，而你慢慢的可以做出一個簡單的正向陳述……兩個字，最多十個……不要急，讓它醞釀……

　　在這個世界上，我們最想要創造的是什麼？

　　同時要注意到，也許你會開始看到或感覺到……眼前有些光影的變化，有些人會出現隧道的視覺，有些人就會出現一些顏色，看看自己……或許……可以看到這些色彩影像。你看到什麼樣色彩的影像？它會是流動的嗎？它會是變化的嗎？它是很多色彩的變換？還是慢慢出現一些影像、一些圖騰、一些象徵？

　　感受色彩的變化，慢慢的……感受到當你連接到自己的中心，當你連接到外面的場域，當你連接到愛的連結的時候，當你問了自己：「在這個世界上我最想創造的是……蹦蹦（心跳聲）……」

　　「在這個世界上，我最想要創造的是……蹦蹦……」

　　對，一個簡單的正向的陳述，**蹦蹦**……一些影像跟顏色的變化，**蹦蹦**……說不定它可以帶你……有一些簡單的身體的動作，**蹦蹦**……你可以有一些身體的動作，這簡單的移動是由身體帶領你來做的移動，而不是你的意識所做的移動。

　　影像的變化……色彩……單純的身體動作……

　　你可以創造出一個生生不息的狀態，如果你可以說出在這個世界上：「我最想創造的是＿＿＿＿＿＿＿＿。」你可以讓你的手指向那個前方……你最想要創造的會是什麼？

　　這是正向的……對，是你正向的目標……

　　感受自己跟自己中心的連接……跟愛的場域的連接……

　　感受到影像色彩在你眼前的變化……簡單的動作……

簡單的正向的陳述……

「在這個世界上，我最想創造的是＿＿＿＿＿＿＿。」

當你可以說出這個帶著身心整合的想要……你的使命……你可以把手指向前方，再一次說出你的使命。

「在這個世界上，我最想創造的是＿＿＿＿＿＿＿。」

用NLP完成你的英雄旅程

準備好來參與自己生命的淬煉了嗎？

準備好了，你現在就可以開始自己的英雄之旅。下面讓我們用NLP工具，開始進行英雄之旅：

步驟一：聆聽召喚

找到一個症狀。

這個「症狀」指的是「我不想要的行為」，可是它卻不斷地重複發生。如果說，症狀好像情緒一樣，是在我們的意識之外，也積極地介入了我們的生活，那麼有沒有這樣一個可能，就是症狀也像情緒一樣，是潛意識想跟我們溝通的一種方式？

基於此，我們處理症狀的方式是去聆聽它，而不是消滅它。

也就是本書一再指出的，去找出它「背後的正向意圖」，來協助我們

理解症狀，而讀者也可以回頭參考第二章的設定結果方法，你也可以使用新行為產生法來加入所需的資源。

我要說，你必須勇敢行動，因為你有一個內在的部分對現狀不滿，所以你才會產生痛苦，如果你不去回應，症狀就會像英雄之旅的召喚一樣，讓痛苦感覺越來越強烈。

其實症狀是你的一部分，它一點也不想毀滅你，它之所以會越來越激烈，目的始終是為了喚起你的注意，促使你願意跟它溝通。

好，為那個痛苦找到身體的定位，去歡迎它，同時跟它好好的相處一會兒。

然後問問它，它想要什麼？

問問它，它想幫助你得到什麼？

去升高它的意圖層次，直到你自己覺得可以接受。事實上，你將會感到訝異，這個令你討厭、畏懼的症狀，竟然擁有一個這樣的正向意圖。

那當然了，沒有其他的原因，因為它是你的一部分，它歸屬於你，不會大過你，沒有你，它就不能存活，因此症狀就是為你而活的，跟其他內在的部分一樣。

史蒂芬‧吉利根曾說：「症狀加上扶持等於資源。」

所以，我要鼓勵你，帶著你的中正狀態迎向你的資源吧！

不過，如果我們在這裡加入資源跟中正狀態的扶持，卻仍然不見效果，最有可能的原因是，我們在這裡遇見了你（來訪者）因創傷所產生的早期決定，若是如此，我們就要在步驟二來處理這個阻抗。

步驟二：投入召喚（克服阻抗）

泰德・詹姆斯（Tad James）說：「所有感知皆為投射。」意思是，我們不能清澈的看見內在的自己（或是外在的他人），這是因為我們投射了自己的陰暗面在他人的身上。

症狀的阻抗也是一樣，我們把自己的恐懼害怕投射在未來，讓恐懼害怕捉住了我們，讓人失去他本來就具有的能力，這個情況即為「我被凍結了」。

下面的練習正是要幫助我們能清澈的看見，請記得「所有感知皆為投射」，就讓這個練習可以照進我們的陰暗面。

接下來，就讓我們開始「英雄之旅」的練習：

當你對你的英雄之旅有了深思熟慮之後，你就可以透過一位教練或搭檔，按照下面的流程，開始你的英雄旅程。

你們其中一人要扮演「探索者」，另一位則扮演「教練」。以下過程運用了「時間線」和「假定框」，能幫助你，識別、轉化在英雄旅程開始時所產生的阻抗。

①——想像在地板上有一條時間線，而你就站在時間線外，正前方
　　是現在，然後選擇一個方向是過去，另一個方向是未來。

轉身面朝向時間線的未來方向，將「召喚獲得成功的位置」、「你的使命」和「惡魔」、「你的恐懼、阻抗」放在合適的地方。

②——讓探索者站到時間線上現在的位置，臉朝向未來。去感受，
　　他為了成功戰勝惡魔，並實現內心召喚所必須跨越的門檻。

問他：「是什麼使你退縮？阻抗來自哪裡？」

帶領探索者說，同時要他感受身體的感受跟能量的流動：「我知道你

並不舒服，但是，我需要你有效率的受苦，才能幫助我同時幫助你繼續探索。我希望你繼續感受身體的不舒服，關注這些不舒服的地方，想像一下，如果這些不舒服的地方是由一個部分出現並阻擋著你，它是如何擋住你的？」

③——透過說明，讓你的探索者用身體來表達這個阻抗，即協助探索者與阻抗互動，創造一個用身體模擬的狀況來表達出這阻抗的感覺。

請你感受、想像你的內在能量是如何遭到限制與阻礙，我會碰觸你的身體，試著模擬各式各樣的阻礙，它們可能是阻擋，可能好像一面牆，又或是有隻手或其他的東西擋著你的感覺，也可能是來自各種不同方向的拉扯，像是感覺到前後左右被捉著的感覺；甚至是被鐵鍊牢牢的扣著；在我模擬的時候，請你繼續想像、感受，並且給我回饋，好讓我們可以更準確的做出這個阻礙。

夥伴可以試著這樣模擬，以協助探索者找出感受。比如，將探索者往回拉、向下拖，或者用力地把他從原來的位置推開。

或用角色扮演，體會各種各樣的可能性，最終找出探索者直覺感到是對的那一種。

④——阻抗位置上的支援者和探索者交換位置，讓探索者站到他自己的阻抗位置上。從這個角度，探索者去想一想以下問題：

「阻抗的正向意圖是什麼？

我需要哪些資源讓正向意圖以一種新的或更恰當的方式得以實現？

我要如何改變阻抗的身體表達方式，使它變成一個與正向意圖有關的守護者，而不是限制？」

支援者也可以回饋他，在扮演受到阻抗的人可能會有的感受，以提供探索者多一個角度檢視這個狀態的自己。

　　⑤——探索者離開他時間線上「現在」的位置，走到「未來」的地方，表現出好像他能夠跨越門檻，去到未來一個代表著召喚的地方。探索者站在代表召喚的位置，感受獲得成功並且與中心連接的感覺。

　　想像你從現在的這個點離開，進到你剛剛在時間線上，你指出的成功召喚的地方，進入這個點，想像已經成功的你是一個怎麼樣的你。不只有視覺，還要用第一人稱去體會，「成功的你」怎麼活，以及你看見、聽見、聞到、嚐到、感覺到了些什麼？

　　體會這樣的感覺，連結你的中心：「我是這樣的存在這裡，我跟此時此刻的萬事萬物連結。」

　　保持意識的扶持與覺察，打開更大的場域。

　　當你完全領受到此時此刻的「我與身體、場域的關係」，也就可以感受到能量的流動。如果，有一個身軀姿勢足以表達你現在的身心狀態與場域的連結，你會擺出什麼樣的姿勢？

　　當你擺出姿勢之後，感受一下，如果這個狀態有一個名稱，那會是什麼？

　　再一次感受這個身軀姿勢的能量，同時說出你的命名，讓此時此刻的命名與身體姿勢成為一個心錨。

　　⑥——探索者（英雄）從完成召喚的位置轉過身，回望「現在」，在那個他曾經在門檻邊掙扎的地方。處在完成召喚的位置，探索者就變成了他自己的守護者和自我支援者，能為他「現在」的自我

提供資源與資訊。

請已經完成召喚的你，站在這個位置，告訴過去的你，他應該要做些什麼，好幫助自己從那裡到這裡，提供給他資源與資訊。

⑦——探索者就獲得的能量與身軀姿勢回到「現在」的位置，將它們轉化到「現在」。

去回顧這些資源，如何有助於將之前的阻抗進一步轉化成為守護者。

請你帶著從未來得到的資源與資訊，帶入現在的自己身上，你可以再次做出身軀姿勢，說出命名，將能量跟資源帶到此時此刻。看看這會帶來什麼不同。

⑧——帶著這些資源，讓探索者再一次走到他的時間線上，那個代表召喚的「未來」的位置。

步驟三：跨越門檻（入門）

跨越門檻意味著再也不能走回頭路，同時也意味著：「我要告別自己過去舒適圈裡的舊模式，開始學習新世界的模式。」

換句話說，當你開始接受NLP的基本前提假設的時候，你就已經離開舊世界了。而很幸運的是，你要用在適應新世界所需的NLP密笈，其相關技術在本書裡我都已經交給你了。

以下，是我對英雄之旅跨入門檻的幾點建議：

●——你已經學習到「地圖不是實地」，你也知道「所有認知，皆為投射」，因此刪減、扭曲、概化的資訊都需要被還原才能夠被利用。所以，任何你要投入努力的地方，都需要從表層結構透過明確語言模式還原底層結構的訊息。

- ──「你所得到的回應，就是你溝通的意義。」所以你必須從你得到的結果反面推定：「什麼才是有效的行為，據此檢驗跟修正你的行為。」

- ──「每個人都有他所需要的資源。」這讓你知道，從自己身上就能複製跟借位思考，用新行為產生法就可以找出潛藏在你內在的資源跟能力。

- ──你已開始知道，如何善用融入，在面對不同挑戰的時候，找到資源，用心錨牢固身心狀態，將資源帶入挑戰中。還知道如何在一片混亂中善用抽離，讓自己免於被肌肉神經系統鎖死，並且找到資源。

- ──你知道「每個人在當時做出的行為，都是他最好的選擇。」所以，我們將意圖與行為分開，並善用正向意圖的技巧，幫助自己跟別人更好的統合自我，不過度怪罪別人也不會過度譴責自己。

- ──一旦越過門檻，我們需要常常想到「後設位置」，以幫助自己辨認系統如何工作。

- ──善用「看見場域」的身心智慧，不管是嫌棄自我的部分，還是期盼未來得到結果的部分，他們都是我的一部分，而我可以連結更大的存在，找到使命，整合這些部分，成為更好的自己。

步驟四：尋找守護者（扶持）

獨自進行英雄之旅是不容易的，最好能有個同伴、導師，讓他們成為你的扶持者。

當然，你也會是你自己的扶持者，當你在連結上更大的存在，並進

行了像「看見場域」這類整合活動之後，你就會是你自己部分的扶持者。

我要借用史蒂芬・吉利根的說法，再一次幫助你複習跟牢固學習：「扶持工作的一個核心原則是，所有未能歸於中心，未得到扶持，未經整合的能量都是個問題。問題意味著某種能量未能連接，是被排斥的，而且未歸於中心，換個說法，就是個陰影。扶持的關鍵，是去感知某件事背後的積極正面的人性價值。」

接下來是「找到扶持者」練習：

①——哪些人是你召喚的榜樣／前輩／支援者？

你可以運用「新行為產生法」來借用他們的資源。

②——哪些人是負面例子／警示？

你可以用「反射鏡技巧」來探索你的陰影。

③——哪些魔鬼擋了你的路？（內在狀態／習慣或癮癖／外部聯盟）

你可以用「正向意圖」將症狀變成資源，也可以使用前一個步驟的「開始英雄之旅」將惡魔變成改變的契機。

④——哪些資源支持／培養／激勵著你走在這條道路上？

請善用「讓資源成為你的靠山」這個活動，將資源帶在身上，隨時應援。

⑤——什麼會深化你對你的英雄之旅的投入？

善用時間線的設定結果跟假定框，一次次的幫助自己。

最後，你還可以利用我前面提供的「找到使命」YouTube錄音，或是去進行「從屬等級」整合自己，以連結更大的存在與使命。

步驟五：面對並轉化惡魔

「面對跟轉化惡魔」已經在步驟三有提到了，可以回頭翻閱。。

步驟六：發展出內在自我和新資源

步驟七：蛻變

步驟六與步驟七將之合併，是因為，在借用「原型力量」發展內在自我跟整合新資源之後，自然就會帶來蛻變的力量了。

簡單說明，要轉化某樣東西，首先要停止試圖改變它，我們沒有要改變你，而是要和你一起找到更多的內在面向，讓你能善用它們的力量。

現在，我們就來找出你生命中的「原型力量」。

首先，要請你試著讀下面兩首詞：

「枯藤老樹昏鴉，小橋流水人家，古道西風瘦馬。夕陽西下，斷腸人在天涯。」（馬致遠）

「尋尋覓覓，冷冷清清，淒淒慘慘戚戚。」（李清照）

這些是古老時代的詞境，不是每個人都能有這樣的經歷，可是一個人的孤獨卻會被這樣的詞境喚醒。好像現在許多膾炙人口的歌，正因為有個為大家說出心中話的寫詞人，深刻觸動也感動了我們。

這是件很有趣的事，我們未必有這樣的經歷，卻能被歌詞喚醒與之相同的情緒。為什麼？

這就是榮格說的集體潛意識，我們都有著榮格說的屬於人的原型力量。

我在《催眠和你想的不一樣》教了大家史蒂芬·吉利根的三種原型力量，這裡我們要借用更多你的原型力量，下面的練習是取材自卡洛

爾‧皮爾森（Carol Pearson）與茱蒂絲‧迪羅西爾（Judith Delozier）的著作，這個版本引自羅伯特‧迪爾茨與史蒂芬‧吉利根合著的《英雄之旅》一書。

要做好這個練習，你需要一個空間，以設置可以讓你走動的圓圈。

這個練習會先用身體去探索，然後再用意識支援，讓你能面對生命中一些重大挑戰。我們用「龍」來指代（coreference）你在英雄之旅中面對的這一個挑戰，並且去探索目前你是如何回應它的，以及你能如何以不同的方式回應它，我們也將以圖中不同的原型模式且視之為典型的反應方式來強調。

我們會使用你熟悉的身軀姿勢來體驗這個過程，也就是說，你在過程中要開放自己，成為一個管道，以迎接來自身體的智慧和場域的智慧。

這個練習所設置的圓圈中心，就是那條龍，它代表你所遇到的挑戰，而圍繞著這條龍的，是六個代表不同轉變原型的位置，它們會被安排在圓圈的四周。

「龍」代表著某些巨大、不為人知且具有潛在危險的東西，常見的龍包括死亡、青春期、老化、更年期、轉換工作、退休、失去，以及其他主要的人生轉折。

「穿越轉化的原型力量」的練習

①——給「龍」下定義。

確認你正面臨的人生轉折問題，再次提醒，問題不是問題，你跟問題的關係才是問題。

所以，我們要去探索你跟龍的關係，看看你的陰影如何帶入原型力量給與這條龍，而這條龍又如何帶給你的挑戰與痛苦。

這包括與轉變相關的背景、環境等關鍵元素，比如，與圍繞著轉變的環境有關的重要他人反應，或者是疑難細節。不過，這練習的重點不是找出正確的答案，而是要去瞭解問題的本質。

超越的位置

F 巫師
（接受龍）

E 勇士
（與龍搏鬥）

龍（問題）

A 天真
（不知道龍的存在）

D 流浪者
（避開龍）

B 孤兒
（被龍脅持或吞噬了）

C 烈士
（被龍殘害了）

圖十三「轉變原型」（出自《英雄之旅》）

一開始，先讓自己回到自己的中心。

等你準備好了，就進入龍所在的地方，去感受龍的能量。

我知道這不會讓你舒服，但是我們需要你有效率的受苦，也就是說，在接下來的流程中，你要維持著感受、覺察，覺察你的情緒、能量的波動、你的身體性感受，以及那個能量可以用身軀姿勢表達的隱喻，讓能量帶動你，而不是思考，不要帶著批判跟自己的好惡，放掉這些好惡、思考、評斷，單純的感受能量，配合能量，想像它要帶你去哪裡，讓身體表達出來。

當你完全感覺到那股能量，讓你的身體……用一個姿態、一個手勢、一個動作……來呈現代表那條龍的身軀狀態。

②——在每個原型體會自己的力量。

我們可以進行很多輪的體驗，但是在第一輪，我們希望你只是體驗。在下一輪中，我們才加入中正狀態與扶持者，然後回到中心，感知原型轉化成蛻變的資源。

在這個步驟中，你只要體驗你生命的原型力量。

a 喚醒你的天真（不知道龍的存在）

「天真」是對龍的出現卻未覺察的狀態，或者是下意識採取行動的狀態。

如果龍是你所要面對的社會規範、社會壓迫的潛規則，小孩就是那些還不懂社會遊戲的人。

想像自己就像一個小孩，擁有孩子般的天真能量。在你的身體裡，你是如何感知到它的？那種感覺是什麼？你在身體的哪個部位感覺到

它？伴隨著「天真」，你會是個什麼樣的姿態？做什麼樣的動作？有什麼樣的內在過程？

b孤兒（被龍脅持或吞噬了）

再來，走入「孤兒」的地方，孤兒是不屬於任何地方的人。

找出你內在體驗到「孤兒」的地方。「孤兒」被龍脅持，他是被社會規範與社會壓迫，排擠於社會之外的人。

進入你內在那個地方，探索、發現身體的感覺……姿態、能量的流動……還有你進入「孤兒」原型時的想法和畫面。你感覺到被遺棄嗎？還是被吞沒？迷失？那是一種什麼樣的能量跟感受？讓你的身體將它呈現出來。

有任何聲音嗎？可以讓聲音發出來。

進入這個原型，讓自己由內而外去體驗跟覺察。

然後，當你準備好了，你可以將那股能量放下，抖落掉它，抖乾淨，將它呼出去，不再理它。

c烈士（被龍殘害了）

「烈士」的原型是感到被龍殘害了的臨在。

就像似螳臂擋車的畫面，你只是憑藉著一股內在憤怒的力量，去面對社會規範跟社會壓迫，你奮不顧身的抗爭，聽從了憤怒的猛烈力量，讓自己內在體驗到「烈士」的原型，感受這股能量……覺察感受、想法、畫面、姿勢、能量動作、聲音，然後做出你的身軀姿勢。

憤怒是來自你生命底層的猛烈力量，沉浸在此時此刻，可以連結你

真正的力量。

然後，放下，再次從原型力量中抽離出來，回到你的中心。

d 流浪者（避開龍）

「流浪者」是跳脫社會規範與社會壓迫卻未為自己設定結果的人，是已經跨越門檻，進入新的世界，也懂得一些新世界的生活準則跟技術，只是「流浪者」拒絕連結更大的存在與使命，他選擇厭世的思維，獨善其身。

試著去感覺流浪者的感覺，在這個原型，你如何應對「惡龍」？感受那股能量，覺察身體感受、想法、畫面、姿勢、能量動作、聲音，做出你的身軀姿勢。

你可能也開始感覺到，當你進入某個特定原型的時候，其他原型的元素開始滲透進來。不論什麼情況，你只需要覺察，並且再一次回到這個步驟練習所要連結的原型力量。

你可以讓自己進入催眠的恍惚狀態，體會「既是……又是……」的狀態，就像你既是探索者，也是帶領者。給自己一個空間，不急著做出回應，允許衝動來來去去，但是不追隨。

當你完成體驗以及身軀姿勢後，再一次退出這個原型，回到中心。

e 勇士（與龍搏鬥）

「勇士」是一位擁有知識與技能，並且擁有單一信念的人，他的宇宙觀是所有的問題都來自惡龍，勇士認為：「我只要除掉龍，就可以進入理想世界。」

找到你內心與社會規範、社會壓迫所對應的「勇士」所在的地方，告訴自己：「我有足夠的力量跟相信，我可以除掉這條惡龍。」

感受那股能量，去覺察感受、想法、畫面、姿勢、能量動作、聲音，然後做出你的身軀姿勢。

f 巫師（接受龍）

「巫師」是擁有多重宇宙觀的智者，他不只知道世界的光明面，還知道陰暗面存在的必要，因為有陽光的地方就有陰影，所以，巫師接受龍的存在，並且可以善用龍的力量。

試著想像你就是一位巫師，可以是亞瑟王的梅林法師，也可以是奇異博士。

巫師是通曉多元宇宙、陰陽運行原理的人，他的世界觀是大過二元劃分的非黑即白的，他看的不是現在，而是未來。

你是一位擁有轉化魔法的巫師，擁有能看得更高更遠的能力，彷彿你能看見社會規範跟社會壓迫的前世今生，它是能量的來源跟運行的結構。

去成為一個具備運用龍的能量的巫師，進入與龍相關能量中，體會龍存在的必要，並且知道如何善用它。

感受龍的能量，覺察感受、想法、畫面、姿勢、能量動作、聲音，做出你的身軀姿勢。當你完成這個體驗與身軀姿勢，再一次放下它，回到中心。

以上，我們在原型圈上完整的走過了第一遍，接下來，我們要繞著這個圈走第二遍，以確保你已感知、領悟每個原型位置所帶給你的天賦

與價值。

③──從後設位置的角度（超越的位置）去覺察你與龍的關係，目前是困在哪些轉變原型裡。

從「後設位置」去覺察跟感知，找出第一輪中你覺得卡住的地方，進入卡住的感覺，問問自己：「當我擁有這個卡住的感覺，可以為我帶來什麼？」

問問卡住的部分：「你想幫助我得到什麼？」

在這個「後設位置」，帶入「雙重覺察」的觀點，你必須同時是個體驗者，也是個可以提供資源連結的供應者，你必須進入「既是原型力量的體驗者，又是保持中正狀態，隨時可以提供智慧與資源的NLP高階執行師」的狀態。這樣你才能更深刻地感知每一個原型的價值，並且整合每一個原型力量進入你更深層的自我感知中。

記得，陰陽永遠是相伴的，陰影的力量只要經過扶持都能找出正向意圖，讓所有阻礙都得以轉化成為資源。

當你從「後設位置」完整帶入資源跟預演後，就可以進入下一個步驟了。

④──再一次站到原來卡住的原型所在位置，把在「後設位置」得到的資源帶入，再一次探索這個原型力量。

感受原型的能量，覺察感受、想法、畫面、姿勢、能量動作、聲音，做出你的身軀姿勢。

⑤──持續穿過原型環上的每個位置，走向巫師（接納）的位置，在每一個原型力量位置上，探索與那個原型相關的能量和身軀姿勢。

在那個你感覺到，最符合此刻你與龍之間關係的位置停下來。

注意，你得是在知道自己擁有轉換能力的信心下停下來，而不是被打敗的崩潰狀態中停，也就是說，你得是在維持著中正狀態下才可以停下來。

⑥——再次回到「後設位置」，反思你有什麼發現與學習。

步驟八：帶著禮物回家

最後，請聆聽坎伯在《神話的力量》一書的話語：「大家認為生命的意義，就是人類所追求的一切。但我並不認為這就是人們真正在追求的。我認為，人們真正追求的是一種存在（活著）的體驗，有了這種體驗，我們一生的生活經驗，才能夠和自己內心底層的存在感與現實感產生共鳴，我們才能真正體會到存在（活著）的喜悅，那就是生命，而神話是幫助我們發現內在自我的線索。」

因為有你，世界可以變得更好

小時候，我跟哥哥擠在一張小床上，他指著星星說：「我以後要像那顆星那樣亮。」

雖然，我們什麼都不懂，但是據說天狼星是天空中最亮的一顆星，他希望將來自己擁有狼一樣的力量。但做為一個體力不好，常常打輸架

的我來說，最亮的那顆星離我太遠。

所以，我說：「隨便一顆都好，我只希望就像星星一樣，我相信老天爺的安排，有你的位置，就一定有我的位置。」

我一直都不是人生勝利組，也不擅長競爭，事實上我害怕比賽，所以國中聯考後，我跟自己說：「我受夠了。」

於是，我選讀了五專，而科系是家人替我選的。之後，我想插班大學，卻又擔心將來無法奉養父母；我很想活得像一般人那樣，可是又擔心無法擔負起未來的家庭；我想要自由，但一轉頭又看見我的責任。

我對「我想要……，但是……」的議題實在太熟悉了，甚至也開始懷疑自己能有什麼出息。儘管如此，有一個熊熊烈火一直在我生命底層燃燒著，而它們更是以負面陳述在說話：

「我不相信天地之間沒有我的空間。」

「我不相信我這麼努力，卻得不到一個被看見的機會。」

我的力量都用來自我對抗，所以我沒有設定目標，因為我不敢，我只是在人海間浮沉，我的確很努力地學習，也開始變得越來越擅長組織思路跟表達，我成了公司裡被注目的員工，我是讀書會之王。

但事實上，我好害怕就這樣在人海中被淹沒，最後一事無成。

直到我在新竹遇到王神父跟趙淑華老師（當時，他們都在天主教新竹社服中心教NLP），那可能是我這輩子第一次設定人生目標：「我希望自己將來能成為像他們一樣的人。」

在當時，那只是一個方向，根本沒有時間表。

但自此之後，因著這個意圖，我的生活有了重要性的排序，而我的能量不再用來對抗，因為它被引導到一個又一個階段性的目標，而什麼

都不是的我，經過了十年的沉潛努力，我開始取得讓別人羨慕的機會。

二十年後，我有一堆用錢堆出來的證書，也許我是認證最多NGH催眠師的講師，我還取得四、五個NLP機構的同意授權，讓我能頒發他們的證書，走至這裡，我開始有了話語權，可以做我真正想做的事，那正是——我想讓每個人都擁有「免於恐懼的自由」。

我開始一步步實現了心中「給人信心、給人希望、給人愛」的支持團體計畫，而這本書也是計畫的一部分，我希望藉由本書可以讓人理解，和我一樣在過去有一堆傷痛的人，不需要再耽溺過去，可以有限度的處理過去傷痛，然後把你的注意力轉向未來，這不是一個蠻好的選擇！

想起東尼‧羅賓斯（Tony Robbins）在「做自己的大師」（Netflix紀錄片）中，他對一位穿著全新Nike紅鞋卻想自殺的年輕男子說：「大部分的人高估自己在一年內所能做到的事，而低估了自己在二、三十年所能做到的。」[3]

是的，不管你現在處在什麼樣的狀態，請不要低估你自己在二十～三十年所能做到的。

首先，請你相信自己，能給人信心，能給人希望，能給人愛，能成為一個更好的人。然後，很自然地你也會遇到像你一樣，能給你信心、給你希望、給你愛的人來護持你。

3　以下提供Youtu網友摘錄該「片段」之連結，也感謝網友的分享。不過由於影片皆為摘錄，若想了解更多，讀者可以用「Tony Robbins、拯救了想自殺的人」關鍵字再搜尋。
原文版：https://youtu.be/k_YqsqJBUfw
中文字幕版：https://youtu.be/x7K6ob4HOfs

老天爺沒有安排你一定要做什麼，但你向宇宙送出什麼，宇宙就會回應你什麼，這就是天命的意義。

不管你現在走到人生的上坡，還是下坡，相信我，就像史蒂芬‧吉利根說的，通過滿滿惡魔房間的最好對策就是，不管惡魔向你顯現人生中什麼樣的夢魘與恐懼──持續往前走！持續往前走！持續往前走！

記得，除非你放棄你自己，這世界沒有人可以放棄你。

希望這本書能讓你從小地方開始慢慢累積信心，慢慢相信自己，並且相信世界一定會因為有你而變得更加美好。

祝福。

後記

我是一個有著依附關係理論中「迴避型特質」的人。

我的父母是比所謂「足（已）夠好」的父母還要更好的父母，然而家中的經濟起起落落，讓我那早熟又纖細的敏感神經，總自以為受到很多的傷害。

在第二次原生家庭經濟又受到重創時，我真的完全不知道該如何是好。當時，跟許多人一樣，我也去算了命，紫微斗數的老師看著我說：「從你的命盤看起來，你要等到五十歲之後才會越來越好。」

我問他：「沒有別的辦法嗎？」

他說：「沒有。」

那一年，我二十九歲。

由於生活中的逆境很多，而那時的我超自卑，但仍早早養成啟動生命底層力量的能力。平常的我無害也謙遜，這是因為我希望能成為大家喜歡的人，但另一面真實的我，是有著陰影，我易怒，而且攻擊時絕不手軟。

如果不是後來遇到（學習）NLP 跟艾瑞克森催眠取向，我可能要花很多時間來處理我的童年創傷。說來，這也很弔詭，我的父母明明對我超級好，我卻要填寫童年經驗量表ACE、做年齡回溯，或是催眠、身體療癒、精神分析、心理分析等等。

這麼說不是要否定這些流派的功能跟意義，畢竟我也入門學習了這

些學問，而且也使用這些工具，並認真地也用在幫助他人，比方「年齡回溯」跟「身體療癒」，以及我也一直很感興趣且自認為會說一些很有意義的「隱喻」。

不過在這些學習中，唯有NLP教會了我帶著「面對未來生活的意圖」，這是處理創傷的各個流派所沒有的態度，這個態度讓人免除了創傷被處理後的空白容易被其他的創傷經驗填滿的宿命，也免除了創傷一個又一個不斷地出現。

NLP和艾瑞克森取向最重要的概念就是看向「未來」，著重「當下是因，未來是果」，正因為有別於「過去是因，現在是果」的治療概念，使得它在設定結果跟行動時能擺脫再度掉進過去創傷的慣性。

遇到NLP之後，我認真地了解了自己，它不是像所有人勸告我要消滅我的憤怒，而是教會我認識這個憤怒，理解它原是來自我生命底層的力量，它也許會用來攻擊，但更可以成為生生不息的原動力。

這是NLP的正向意圖概念，讓我可以不用再擔心害怕中處理自己跟別人的陰暗面（或者換一種方式說，叫做被流放的部分）。

自此，我開始具備了讀懂別人真正意思的溝通技巧，也一步步讓我改善了我的人際關係。此外，我知道怎麼轉化阻礙，並將之變成助力，以及怎麼重新定義問題，這些都超越了艾倫‧蘭格（Ellen Langer）的分類錯誤的問題，讓達成目標變得更為容易。

如同內文中提到的，我也經常在生活亂成一片時，用NLP的經典三個問句來問自己：「你要什麼？」、「你正在得到什麼？」、「你還可以做些什麼，好幫助你得到你想要的？」這三句話，總能很快地幫助我撥亂反正。

另外，我也會用這三句話直指問題核心：

①——假如我有一根魔杖，它可以讓你得到你想要的，你會想要什麼？

②——你怎麼知道你已經得到你想要的？

③——那是什麼妨礙了你？

這三問句讓我能很快地找到，我要教練對方的標的是什麼？

因為懂得設定結果，所以我很會盤點資源，比方過去在企業上班學得的問題解決藝術，也全都成為了我的養分，除了PDCA（循環式品質管理）外，我也懂得處理來自自己過去的干擾，並且知道怎麼尋找更多的資源。

所有學來的東西全都架在NLP的主結構上，我完全不擔心他們之間的衝突，因為NLP本來就是從複製卓越產生的。

最近，我開始發展「哪裡有分裂，哪裡就有催眠」的助人技術，參與學習的夥伴們對此也非常興奮，只可惜我還來不及寫進本書裡。

雖然我是教催眠的人，但NLP的骨架跟養分卻是滋養我最多的，這也讓我在寫完《催眠和你想的不一樣》這本書之後，一直想著，我著實該把我所認識的NLP樣貌分享讓大家知道。

這也是因為年年買下新出版的華文NLP書籍中，讓我發現，大多數都停留在入門的階段，這跟我接觸的NLP世界實在有天壤之別，因此我希望能整理出一本讓大家讀到超越這些書本的內容。

我知道本書一開始淺顯易懂，而隨著篇章越往後難度明顯增加，這其中確實存在著我的一個野心，我希望能完整介紹一直在變換、創新，

且逐漸走向身心合一的新一代NLP。

是NLP讓我從Nobody變成一個有影響力的導師，也是它讓我從負債四百五十萬，走到有房、有車、有積蓄的人，雖然我並不是什麼有錢人，但是越來越多比我卓越優秀的夥伴樂意跟我一起參與，這個能讓大家「免於恐懼的自由」的工作。

想想，有什麼比這個更像是「取之不絕，用之不盡」的財富？

我希望NLP能幫助你，就像它幫我找到內聖外王之道，一如羅伯特·迪爾茨所說「NLP就是夢想家的工具箱」，我希望你也能藉由它的配備，幫助你完成你的夢想。

最後，我要感謝每一位帶領我在NLP路上前行的老師：

我總是不厭其煩的想感謝四維文教院的王輔天神父，因為您是影響我一生的人。

謝謝賴明正博士，沒有您就沒有我的NLPU旅程。

已經過世的泰德·詹姆斯（Tad James），您的天才啟發了我開創新局的勇氣。

泰瑪拉·安祖（Tamara Andreas）與康尼瑞兒·安祖（Connirae Andreas）兩位老師帶領我領略核心轉化的威力。

雖然我跟羅伯·麥唐納（Robert McDonald）老師素未謀面，但透過他的教學錄影，突破我運用第一代NLP的天花板。

羅伯特·迪爾茨老師是我生命的新典範，您永遠不止息的活力與熱忱，真正說服我成為您的同路人。

當然，也要謝謝兩位開創NLP的創始人約翰·葛瑞德與理查·班德勒。

還有，最重要的是謝謝你，因為有你閱讀本書，這本書才會出現。
期待我們在下本書再次相見。

NLP 筆記

附錄 ——————————————

NLP 的空間心錨魔法

這是以 NLP 的基本假設（第六章第 168 頁）作為思考背景的心錨練習。

首先，請為自己或來訪者準備一張紙或墊子，作為負向經驗的空間心錨。

步驟一：請來訪者想到一個小小的困擾。（注意，這時要請來訪者站在墊子或紙上。）

步驟二：請來訪者簡單說明那個小小的困擾。

步驟三：請來訪者深呼吸一口氣，然後向後退一步，離開那個困擾（離開原本站立的墊子或紙張）。這個動作是把小小的困擾經驗留在地上，來訪者退出那個經驗。

步驟四：做個測試，請來訪者再一次進入墊子，看看他會不會想到原來的困擾。

步驟五：再一次請來訪者深呼吸一口氣，然後向後退一步，離開那個困擾。

步驟六：與來訪站在一起，請他想一想，NLP的十五個基本假設，看看有沒有哪一條可以幫助他。再來，請他描述一個曾經有過的正向經驗，是跟他所選擇的基本假設是有相關的。

步驟七：請來訪者說出那個曾經有過的正向經驗，以釐清那個經驗過程中所發生的情況，如果確實是適合的正向經驗，就可以進入步驟八。不過，如果那個經驗與他現在提出的困擾不相關，就得請來訪者重新找到一個有用的正向經驗。

注意：在這個步驟中請感官測量來訪者，觀察他所提出的正向經驗與選擇的基本假設，對他是不是一個有資源的狀態。

步驟八：請他想到那個經驗，同時站進墊子裡，看看這會帶來什麼不同？

這時也請來訪者想著基本假設的經驗所帶給他的意義與啟發，如果來訪者想到起雞皮疙瘩那樣的感動，就再好不過了。

當他融入想著時，可以請他感受那意義與啟發就在自己的身體裡滋長並擴大，接著再請他繼續想像，感覺好像有樹根進入自己身體，並擴及到地上所踩的這塊墊子，甚至再繼續延伸……

步驟九：當來訪者覺得感受充分後，請來訪者退出墊子，也問問

他，是否可以分享剛剛發生了什麼？

步驟十：面臨未來。

在聽完他的分享後，再一次請他想到一個未來需要的基本假設情境，同時再一次進入地墊，再一次感受這個心錨與資源。

「後設鏡像過程」練習步驟

步驟一：識別具有挑戰性的關係，並指出一個使溝通變得困難的特徵。例如，對方的態度過度積極，或是對你做出人身攻擊。

進入第一人稱位置，開始想像兩人之間的互動。

通常這是一個具有挑戰性的情況，有可能會讓人進入崩潰狀態，因此我們要覺察到它，並知道自己是在哪裡出現「收縮」、「刺激—反應」甚至「凍結」的情況，不要讓過度分析進入你的腦袋，只要注意你自己。

從崩潰狀態抽離出來，進入中正狀態。然後把注意力放在另一個人身上，察覺是什麼刺激使你做出反應？同時給這個反應一個命名。

再看看，對方做了什麼而啟動了你？你又經歷了些什麼？

步驟二：回到後設位置，並在溝通互動中想像自己。說說你自己與他人相關的行為，例如：他的過度積極讓人感到被侵略，讓人選擇「退縮」。

步驟三：注意你的行為方式是如何強化（或觸發）系統中其他人的行為？又是什麼讓你在這段關係中繼續以你的方式做事？

步驟四：轉到「超然的」第四位置，看看你在這次互動中與自己的關係。還有，「你與自己的關係」又是以何種方式反映出他人的作為？

步驟五：從「超然的」第四位置向更大的領域敞開，讓一個資源來到你身邊，這個資源將有助於改變關係「分子團」。
把那個資源帶到你內心的觀察者位置，也把那個資源帶到你自己的第一個位置。然後看一看在你的內心遊戲中發生了什麼變化，外在行為中又有什麼變得可能？

步驟六：來到第二個位置，換穿別人的「鞋子」。看看這個人積極的意圖是什麼？

步驟七：重新進入改變後的第一位置（也就是已經被先前第三位反應所取代的位置），看看你的反應和觀點有什麼樣的改變？

步驟八：繼續調換位置，增加反應的選擇（在適當的層級中），直到你覺得關係比較平衡，也比較有建設性為止。

參考書目 ───────────────

- 《心理治療的新趨勢》／比爾‧歐漢龍、米雪兒‧韋拿戴維斯著／張老師文化出版

- 《改觀：重新建構你的思想、言語和行為》／約翰‧格瑞德、理查‧班德勒著／世茂出版社

- 《NLP 新世代》／羅伯特‧迪爾茨著／世茂出版社

- 《重新啟動：生命的原動力》／羅伯特‧迪爾茨著／世茂出版社

- 《全面提升：NLP的運用》／羅伯特‧迪爾茨著／世茂出版社

- 《催眠和你想的不一樣》／唐道德著／商周出版社

- 《NLP 複製卓越的藝術》／羅伯特‧迪爾茨著／河南人民出版社

- 《語言的魔力》／羅伯特‧迪爾茨著／世界圖書出版

- 《英雄之旅》／史蒂芬‧吉利根、羅伯特‧迪爾茨著／世界圖書出版

- 《不說話才會賣，讓顧客主動掏錢的七堂課》／松橋良紀著／世茂出版社

FUTURE051

用NLP改寫你的每一天
一本能讓你真正心想事成的神經語言學祕笈

作者	唐道德
特約編輯	吳慧玲
責任編輯	何若文
美術設計	張瑜卿
版權	吳亭儀、江欣瑜、林易萱
行銷業務	黃崇華、賴正祐、郭盈均、賴玉嵐

總編輯	何宜珍
總經理	彭之琬
事業群總經理	黃淑貞
發行人	何飛鵬
法律顧問	元禾法律事務所 王子文律師
出版	商周出版
	台北市104中山區民生東路二段141號9樓
	電話：（02）2500-7008　傳真：（02）2500-7759
	E-mail：bwp.service@cite.com.tw
	Blog：http://bwp25007008.pixnet.net./blog
發行	英屬蓋曼群島商家庭傳媒股份有限公司城邦分公司
	台北市104中山區民生東路二段141號2樓
	書虫客服專線：（02）2500-7718、（02）2500-7719
	服務時間：週一至週五上午09:30-12:00；下午13:30-17:00
	24小時傳真專線：（02）2500-1990；（02）2500-1991
	劃撥帳號：19863813　戶名：書虫股份有限公司
	讀者服務信箱：service@readingclub.com.tw
	城邦讀書花園：www.cite.com.tw
香港發行所	城邦（香港）出版集團有限公司
	香港灣仔駱克道193號超商業中心1樓
	電話：（852）2508-6231　傳真：（852）2578-9337
	E-mailL：hkcite@biznetvigator.com
馬新發行所	城邦（馬新）出版集團【Cité（M）Sdn. Bhd】
	41, Jalan Radin Anum, Bandar Baru Sri Petaling,
	57000 Kuala Lumpur, Malaysia.
	電話：（603）90578822　傳真：（603）90576622
	E-mail：cite@cite.com.my

封面設計	COPY
印刷	卡樂彩色製版印刷有限公司
經銷商	聯合發行股份有限公司　電話：（02）2917-8022　傳真：（02）2911-0053

2022年12月12日初版
2024年02月29日初版4刷
定價440元　Printed in Taiwan
ISBN 978-626-318-459-6
ISBN 978-626-318-455-8（epub）

城邦讀書花園
www.cite.com.tw
著作權所有，翻印必究

國家圖書館出版品預行編目（CIP）資料

用NLP改寫你的每一天：一本能讓你真正心想事成的神經語言學祕笈
唐道德著－－初版－－臺北市：商周出版：英屬蓋曼群島商家庭傳媒股份有限公司城邦分公司發行，2022.12
304面；17×23公分　ISBN 978-626-318-459-6（平裝）
1.CST：溝通　2.CST：人際傳播　3.CST：傳播心理學　4.CST：神經語言學
177.1　　　　111016160

FUTURE

FUTURE